脳科学

久保田メソッド

天才脳をつくる
0·1·2歳教育

京都大学名誉教授
久保田《くぼた》 競《きそう》

赤ちゃんはすごい

お母さんのお腹から誕生し、まだ立つことも歩くことも、
物を見ることもできない赤ちゃん。
たった1年で劇的な成長を遂げ歩くようになり、
さらに言葉を覚え、自我を持ちはじめます。
ヒトの人生の中で一番ドラマチックに進化するのが0歳、1歳、2歳。
その間、脳科学的にも爆発的な成長を遂げます。
3歳までに脳は臨界期を迎えます。
臨界期を迎えるまでに、可能な限り脳を刺激し、
シナプスを増やすことがかしこい子ども、天才脳をつくる秘訣なのです。

急激にシナプスが増える

視覚野シナプスがマックスに

脳の重さは生まれたときの2倍に

歩きはじめると爆発的に前頭前野が鍛えられる

脳が臨界期を迎える

人間へと成長

シナプス密度がピークに

天才脳は親にしかつくれない

赤ちゃんは誰でも、天才・秀才になれる

脳科学をベースに2人の育児で実践した「久保田メソッド」

この本のベースとなっている「久保田メソッド」は、私と家内であるカヨ子が、脳科学の理論と2人の子どもの育児、さらに「幼児開発教室」での経験から編み出した育児法です。

久保田メソッドでは、0歳児のときに、あらゆる種類の感覚刺激を与えます。優れた子どもにするには、0歳児からできるだけ多くのことを経験させて、ニューロン（神経細胞）をつなぐシナプスをつくらなければなりません。ニューロンは、実は生まれる前に既につくられているので、ニューロンの数を増やすことよりシナプスの数を増やすことのほうが大切なのです。しかも、2～3歳までにさまざまな方法で脳を働かせて、ニューロンのつながりを脳のあらゆるところでつくることが大切です。

もしもこの時期に、充分なシナプスをつくることができれば、脳の働きは高まり、天才・秀才になる確率がぐんと高まることでしょう。

この久保田式メソッドは、人間が知恵をつけるための教育法です。知恵がついたら、知識はあとからついてきます。強制されて学ぶのではなく、自分から積極的に学ぶようになったら、もっとすごい天才が出てくると私は思っています。そして、このメソッドによって、そういう人間が出てくることを願っています。この本を実践しながら、愛情いっぱいに子育てを楽しんでください。

お母さんの心がまえ

天才脳を
育てるための、
5つの決まりごと

目線を
合わせる

方針を
変えない

他の子どもと
比べない

どんな些細な
約束も守る

親のほうが
エラい!

なぜ早期教育が必要？

3歳でピークを迎えるシナプス

赤ちゃんにとっては毎日が学習の場

脳にはニューロン（神経細胞）（P9）があって、情報を伝えます。このニューロンは胎児期からつくられはじめ、誕生の時点までに、ほぼ一生分ができているといわれています。

しかし、シナプスの数が少ないため、ニューロン同士のつながり、つまり神経回路がほとんどありません。この神経細胞同士をつなぐシナプスは、出産後、脳を働かせることによって増えはじめ、8か月から3歳くらいまでには、密度のピークを迎えます。

P9下の表は、シナプスの平均密度の年齢による推移です。どんな赤ちゃんでも、だいたい1歳をピークに減少しますが、3歳までに適切な刺激を与えると、シナプスの密度はもっと高い値で推移します。シナプスの密度が高いということは、神経回路の結びつきが強固ということ。つまり、たくさんの情報が速く伝わるため、決断力がついたり、器用に手足を使うことができる、いわゆる『天才脳』というわけです。1歳までに、あらゆる脳領域を刺激して、できる限りシナプスを増やすことが、赤ちゃんの人生の選択肢を増やすことになるのです。

3歳までの赤ちゃんにとっては、毎日が学習の場。赤ちゃんの成長に合わせながら、適切な刺激を与え、世界を広げてあげましょう。

赤ちゃんの脳

5感と4つの能力で
すべてを感じている

ワーキングメモリー
ワーキングメモリーは何かを実行するために一時的に覚えておくこと。生後2か月から発達しはじめます。

運動能力
生まれた直後は刺激に対する反射行動だけですが、反射をくり返すことで、手に握るなどができます。

触覚
優しく肌に触れてさすることで、安らぎのスキンタッチ（皮膚接触）になっていきます。

まねる力
脳の44野に「ミラーニューロンシステム」というまねをする最高中枢があります。

味覚
妊娠約6週で味蕾《みらい》ができます。生後4～5か月で、舌の先のほうで甘い・酸っぱいを感じることができます。

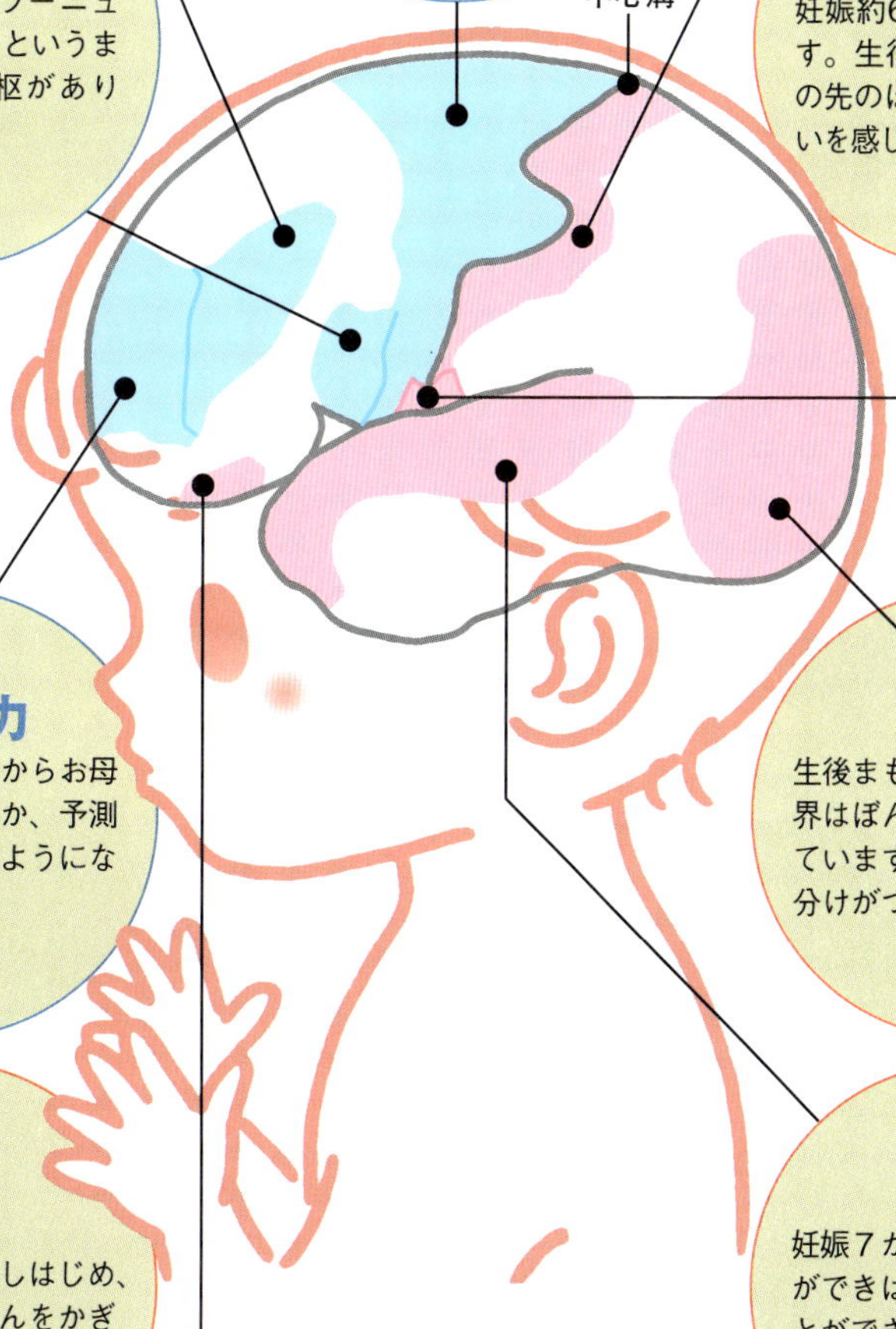

考える力
生後4か月くらいからお母さんが何をするのか、予測することができるようになります。

視覚
生後まもない赤ちゃんの視界はぼんやりとながら見えていますが、複雑な色は見分けがつきにくいです。

嗅覚
出生直後から発達しはじめ、生後すぐにお母さんをかぎ分けることができます。

聴覚
妊娠7か月頃から神経回路ができはじめ、音を聞くことができます。大きな音にはいやがることも。

脳をつくるニューロンとシナプス

神経回路を増やせば天才脳になる

くり返しの訓練で、神経回路の消滅を阻止する

　脳の中にあるニューロン（神経細胞）は、核を持つ細胞体と、そこから伸びる樹状突起《じゅじょうとっき》、軸索《じくさく》の３つで構成されています。この軸索の先が、他のニューロンの樹状突起とつながることによって神経回路ができ、情報が伝達されるようになります。

　この軸索の先と樹状突起をつなぐ役目をするすき間の総称をシナプスといい、脳を働かせてニューロンを使うことによってつくられていきます。つまり、考えて行動する機会を増やすほどシナプスの数が増え、多くの神経回路をつなぐことができるわけです。

　ただ、成長著しい赤ちゃんの脳は、使わない神経回路をどんどん処分していきます。しかし、訓練で脳を使うことで、シナプスを増やし、回路をつなぐことができます。くり返し学習し、飽きないようにやり方を変えながら、完璧にマスターするまでくり返し続け、生活に組み込んでいくようにしなければなりません。

　また、人間だけにある前頭前野《ぜんとうぜんや》の最前部に位置する10野（前頭極《ぜんとうきょく》）は、だいたい5歳ぐらいから働きはじめると言われていますが、早い時期から働きかけをすれば、1歳から鍛えることができます。この前頭極は、2つのことを同時に行なうときに働く領域。ですから、歩きながら何かをすれば、同時に2つのことをすることになり、この領域にあるニューロン同士がシナプスによってつながり、神経回路がつくられ、働くようになるわけです。

　もちろん、1歳の赤ちゃんには難しいことですが、愛情を持って、根気強く働きかければ、早い時期から、この前頭極を働かすことができるようになるのです。

脳の重さと年齢

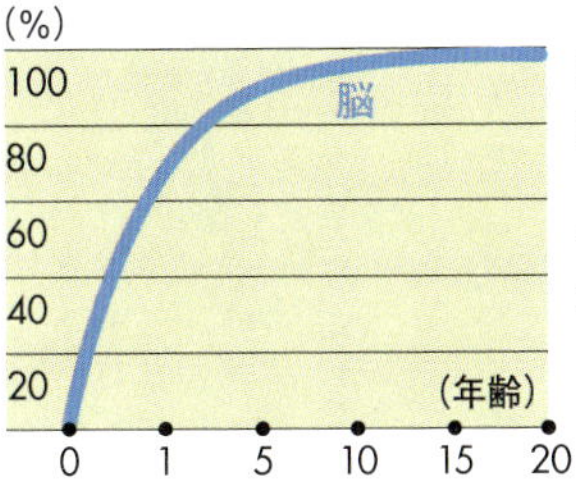

脳は５歳でほぼ大人と同じ大きさになります。脳が大きくなるということは、シナプスによって神経細胞同士がつながり、よく働くようになっていることを表わしています。

幼少期に発達する脳

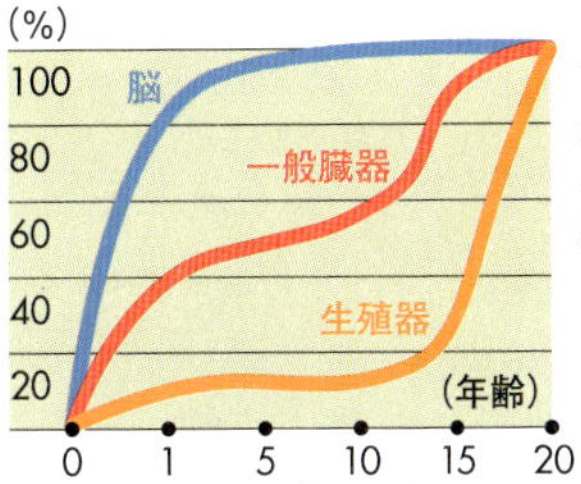

他の部位と比べて、脳の成長が早いことが分かります。早い時点から脳にくり返し刺激を与え、神経回路をできるだけ多く、強くつなぐことがいかに大切かを示しています。

●『脳の成長と発達』／『脳の発達と子どものからだ』(1981／久保田競)より

シナプスと年齢

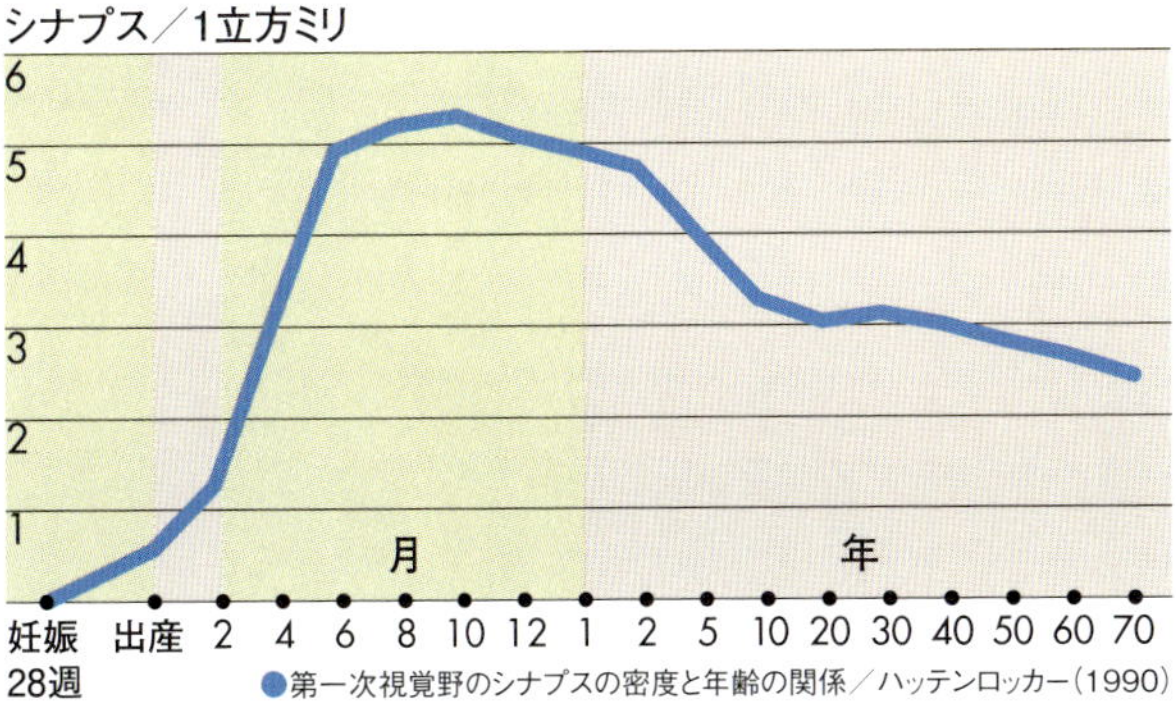

●第一次視覚野のシナプスの密度と年齢の関係／ハッテンロッカー(1990)

視覚野のシナプスの量は８か月でピークを迎え、この時期に視覚野の基本的な働きができるようになります。

他の領域でも同じようなことが起こっていると考えられています。

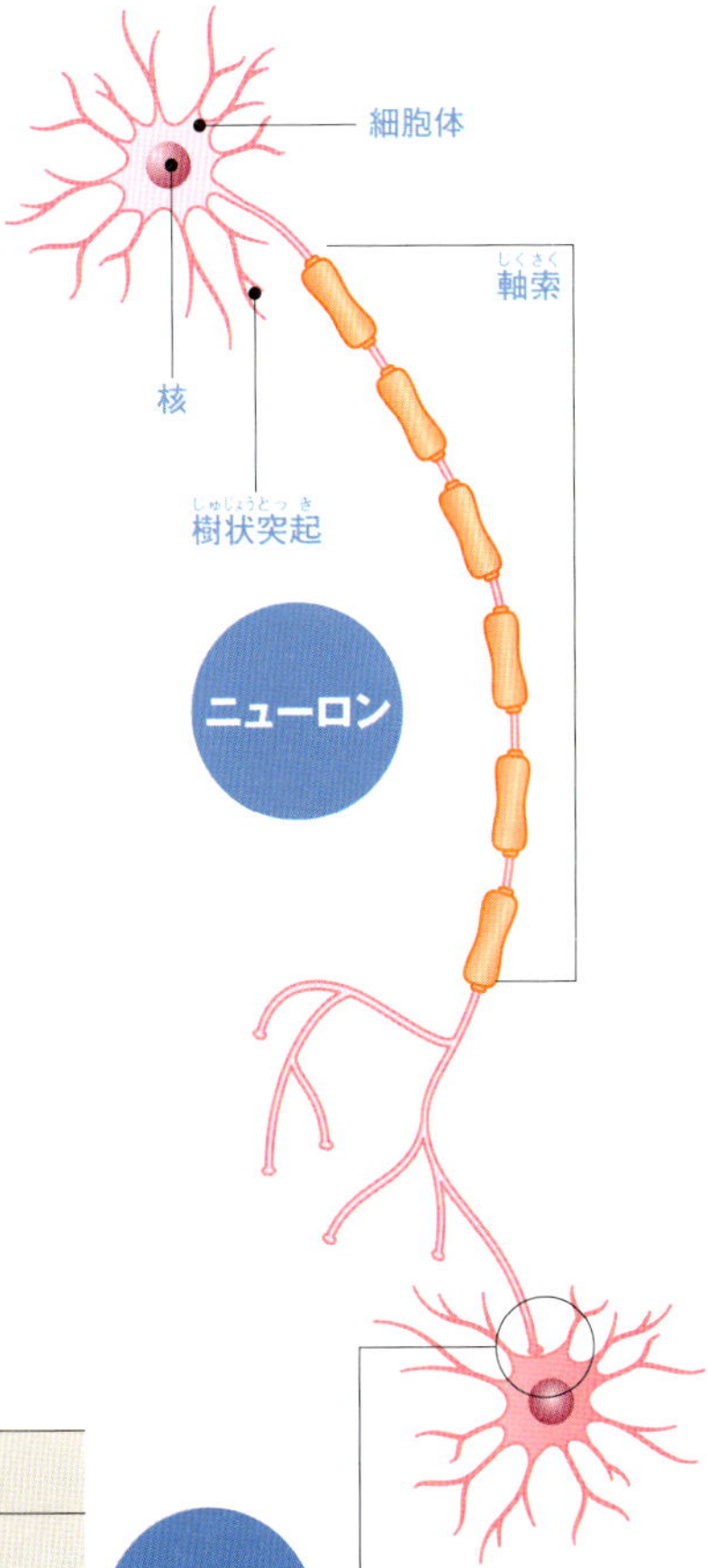

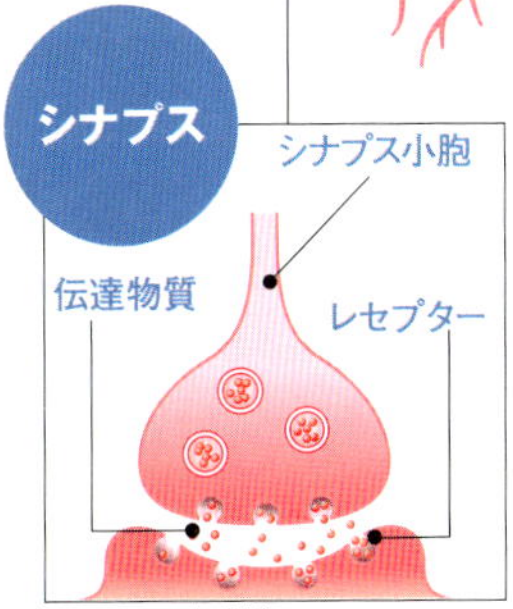

シナプス小胞《しょうほう》には伝達物質が詰まっている。神経情報が伝わってくると、シナプス小胞が移動し、伝達物質が放出され、レセプター(受容体) が受け取る。

頭のよさをつくる前頭前野

「考える力」10野を発達させる

**人間にしかない「10野」を
この時期から鍛える**

この本を有効に使っていただくために、ここで脳について少し説明しましょう。左の図は『ブロードマン脳地図』と呼ばれるもので、大脳を働きによって52の領域に分け、地図のように番号をつけたものです。

大脳は前頭葉《ぜんとうよう》、頭頂葉《とうちょうよう》、後頭葉《こうとうよう》、側頭葉《そくとうよう》、島葉《とうよう》の五葉に分けられ、前頭葉の前方を前頭前野《ぜんとうぜんや》と呼んでいます。

この本でよく出てくる前頭前野は、すべての行動を決定する、いわば『考える場所』。一時的に物事を記憶する（ワーキングメモリー）ときに働く46野や、次の行動を予測したり、まねをするときに働く44野などは、すべてこの前頭前野の領域に入ります。また、自分の意思で歩いたり、手を動かすときにも必ず46野が働いて、どのように動かすかを決定してから、その情報を運動野（6野や4野）に伝えて、実際の動作につながります。

この前頭前野の最前部にある10野（前頭極）は、人間にしかない特別な領域で、「同時に2つのことを行なう」『順序だてて物事を進める』『感情をコントロールする」ときなどに働きます。この領域は訓練すれば働くようになり発達します。5歳ごろからの発達がとくに目立ちます。

1歳児にとっては「目的地に向って、歩きながら何かをすること」は、同時に2つの動作や行動をすることになるため、この10野を刺激することになります。歩きながら景色を見たり、お母さんと話をしたり、何かを触ろうと立ち止まったりすることは、前頭前野や10野を鍛えるための、とてもいい訓練です。

さあ、赤ちゃんの脳は劇的に成長しています。天才教育に遅すぎることはありません。今日からスタートしましょう。

ブロードマン脳地図とその分布

10野
（前頭極）

複合的に物事を考えたり、感情をコントロールするときに働く、『人間らしい行動』を行なうために大切な領域。前頭極ともいう。

6野

手や足を器用に動かすときには、この運動前野が働いている。歩いたり走るなど、同じ行動をくり返し行なうときに働く領域。無意識に行なっている行動などはここが働いている。

4野

46野の決定を受けて、手や足を動かすときに働き、筋肉に『運動司令』情報を伝える運動野という領域。

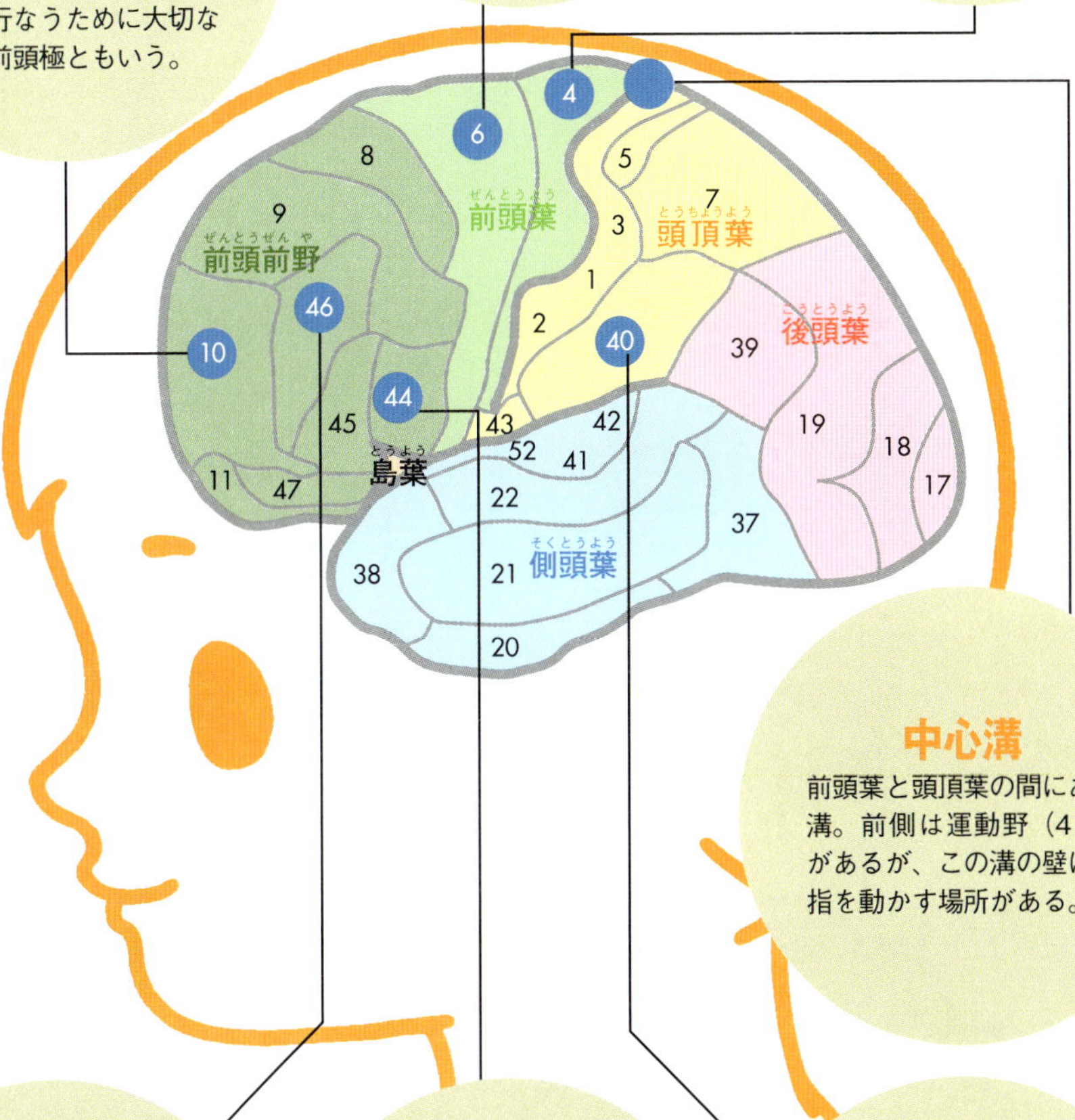

中心溝

前頭葉と頭頂葉の間にある溝。前側は運動野（4野）があるが、この溝の壁には指を動かす場所がある。

46野

行動を起こすときに最初に働く、『決定』を下す領域。『ワーキングメモリー』を保管する領域でもある。

44野

相手の表情を見て、何を考えているか理解したり、まねをするなど、『ミラーニューロンシステム』を使うときに働く領域。

40野

感覚刺激の記憶を保管している領域。必要に応じて前頭前野に情報を送り、危険回避やスムーズな行動に役立てる。

目次

天才脳をつくる 0歳教育

生後すぐ 0~1か月

寝返り期 2~3か月

首すわり期 4～5か月

おすわり期　6~9か月

はいはい期 10〜12か月

天才脳を育てる 1歳教育

正しく歩く

手と指を使う

生活習慣

134 あいさつ……社会性を身につけ、人見知り防止にも
135 かたづけ……記憶力強化としつけを同時に
136 一緒に食べましょう……家族で、楽しくおいしく、正しく
138 おむつがえ……快の感覚を覚えて、積極性を持たせる
140 ゼロを教える……ゼロ＝何もない状態を表わす数字
141 禁止のトレーニング……自主的にやめることを教える

天才脳を伸ばす　2歳教育

手と指を使う

足を使う

会話力を高める

社会性を身につける

天才脳に欠かせない特別メソッド

天才脳をつくる
0歳教育

0歳児は驚異的に成長する

あまりにもドラマチックな1年

反射期

胎内で身につけた「吸う反射」「握る反射」「目を閉じる反射」と泣くことが主な行動。1日のほとんどを寝て過ごします。

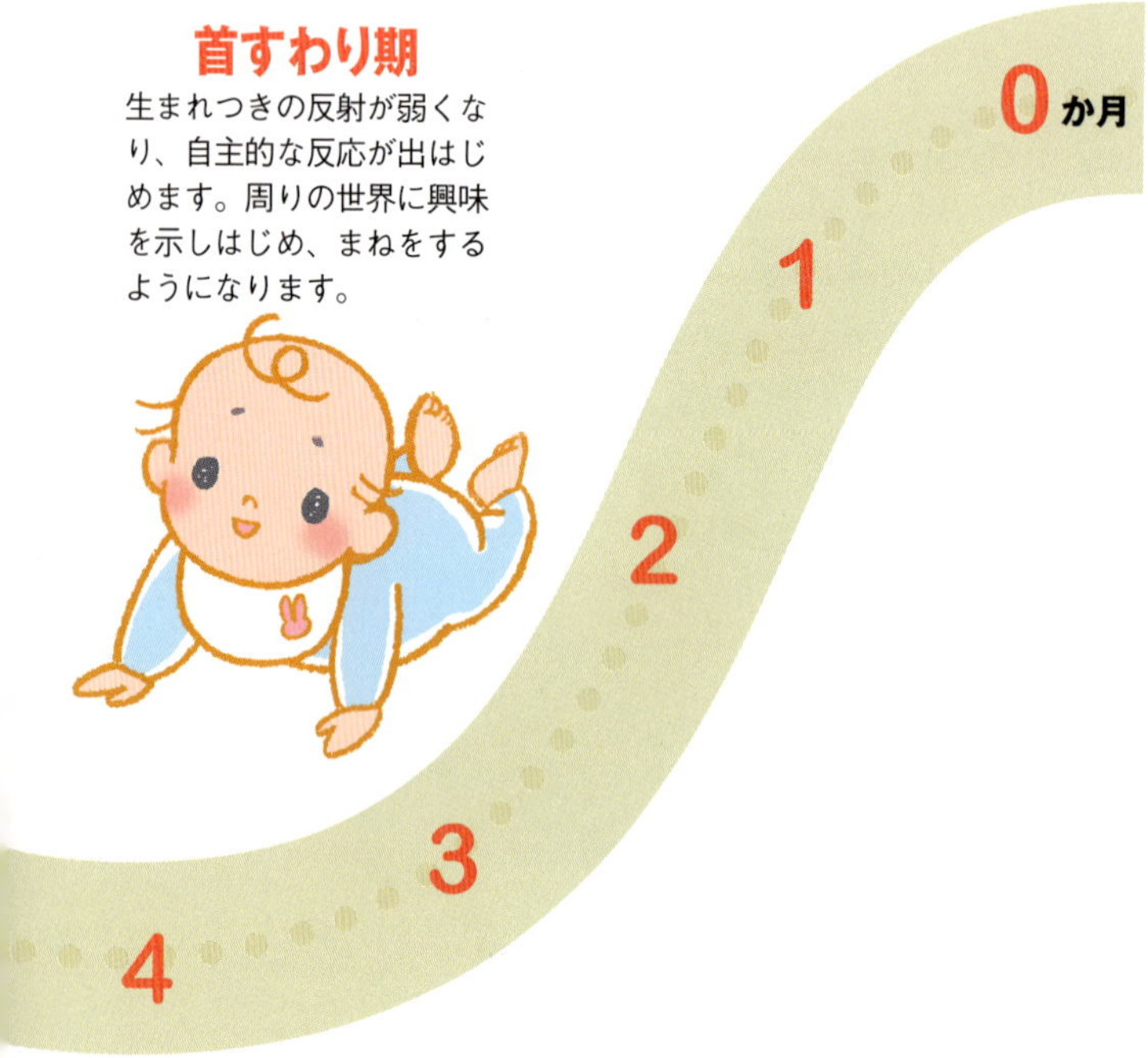

首すわり期

生まれつきの反射が弱くなり、自主的な反応が出はじめます。周りの世界に興味を示しはじめ、まねをするようになります。

生後=400g

生後すぐは、まだ脳の回路がうまく機能していませんが、「視覚野」を積極的に刺激します。

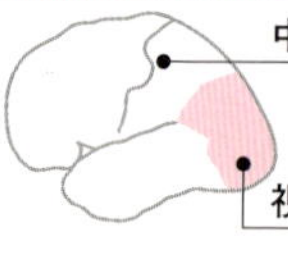

4か月頃=550g

首もすわり、積極的に体を動かし、どんどん「運動野」を刺激することで、脳を活発にします。

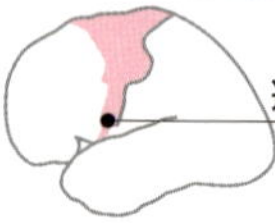

はいはい期

寝返りがうてるようになり、はいはいをするようになります。自発的な行動が増え、お母さんを悩ますようになってきます。

つかまり立ち期

２本足で立つことによって視界が広くなり、世界がぐんと広がります。知的好奇心が芽生え、新しいことに挑戦するようになります。

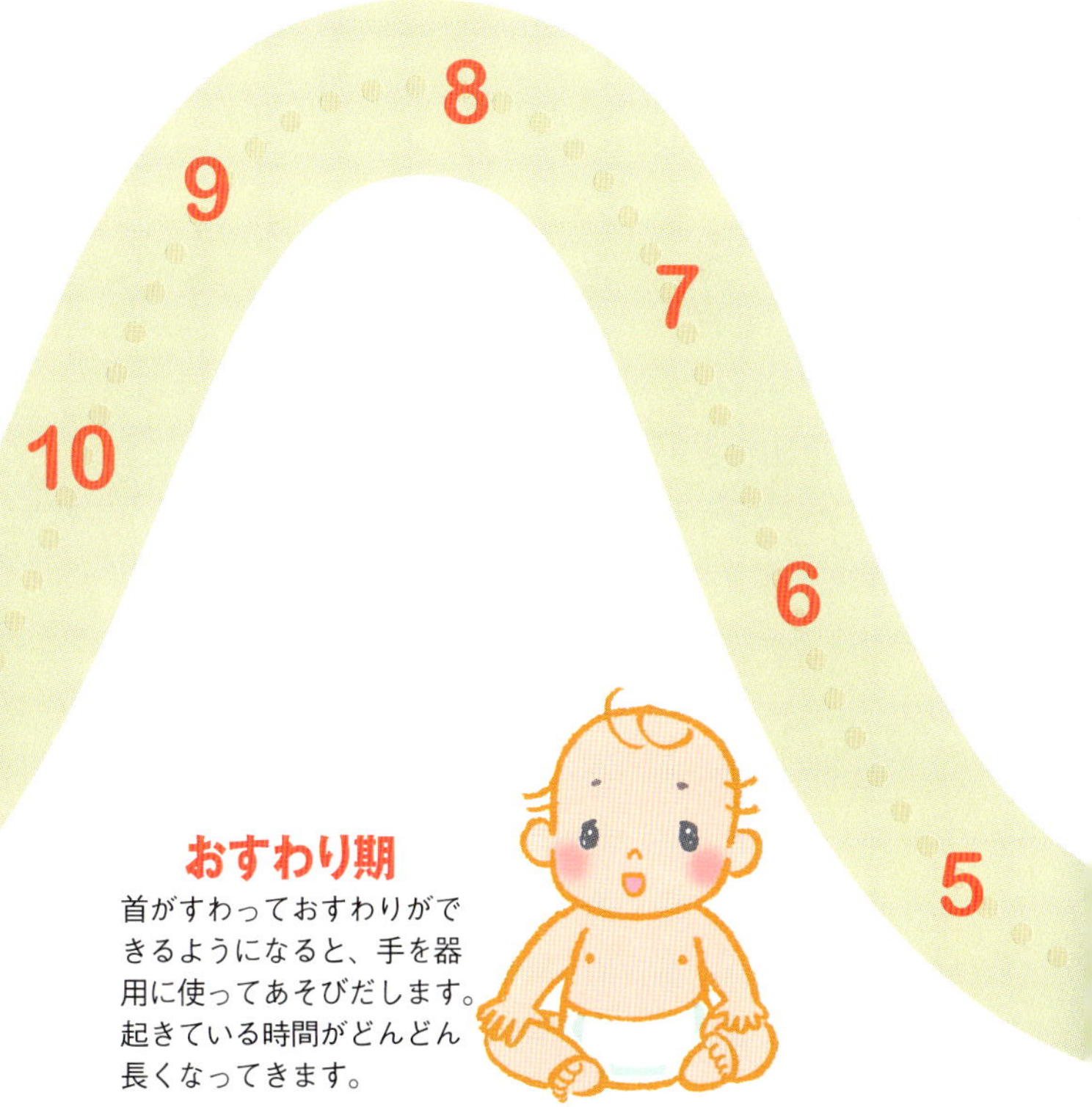

おすわり期

首がすわっておすわりができるようになると、手を器用に使ってあそびだします。起きている時間がどんどん長くなってきます。

12か月頃=900g

この時期になると、頭のよさを決める「前頭前野《ぜんとうぜんや》」がどんどん働きはじめます。

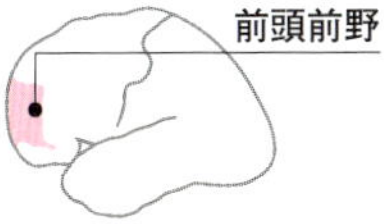

6か月頃=650g

一時的な記憶「ワーキングメモリー」を鍛え、覚えるという能力を身につけていきます。

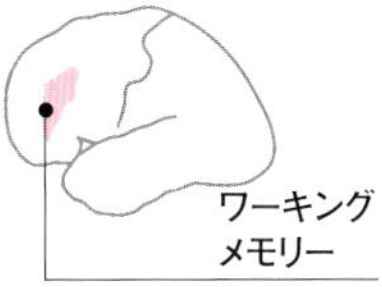

0歳で増やせるだけ増やす

シナプスの数がその後の人生を左右する

0歳の時に、増やせるだけ増やしておくことが大切

神経細胞は、誕生の時点でほぼつくり終えているといわれています。しかし、シナプスの数が少ないため、神経細胞どうしのつながりはほとんどありません。左の図のように、脳の場所によって異なりますが、出産直後から脳を働かせて神経細胞を使うと、シナプスの数が増えはじめ、生後8か月から3歳くらいの間にシナプス密度が最大になります。

神経細胞どうしがつながることで神経回路ができ、シナプス密度が最大になるときに、その領域の基本的な働き（見る、聞く、触るなど）ができるようになると考えられています。

左の図は、シナプスの数の平均値の年齢による変化です。それぞれピークの時期に、適切な刺激を与えず、神経細胞が働かなかったら、きっとシナプスのピーク値はもっと低くなります。あとから学習して神経細胞を使えば、神経回路のつながりは密になりますが、減少の曲線が少しゆるやかになるだけなのです。

ピークを過ぎてからは、神経細胞を使っても、ほんの少ししかシナプスは増えません。増えても、年に神経細胞1個につき1〜2個ぐらいで、図の曲線が変わるほどではありません。

しかし、この曲線は親の働きかけによって変わります。大切なのは、生後すぐに、すべての領域で脳を刺激し、働かせるということ。あらゆる感覚を刺激する必要があります。声をかけ、手間ひまをかけて、いろんな刺激を与えること。これこそが赤ちゃんに対する、最大のプレゼントなのです。

0歳教育のポイント

言葉

泣くことしかできなかったのが、「パパ」「ママ」「オンモ」「ワンワン」など、いくつかの単語を話すようになります。単語を並べたり、話すかわりに指さしたりして自分の気持ちを伝えようとします。

1日のリズム

はいはいやつたい歩きを覚えると、赤ちゃんは目標を見つけては移動します。また、手を使ったあそびにも興味を持ちだし、ひとりあそびをはじめるので、昼は起きて、夜ぐっすり眠る習慣がつきます。

視覚

はいはいやつたい歩きする頃には、物を見るだけでなく、目標物の遠近感を測るなど、高度な働きができるようになります。物を立体で見ることにも慣れ、少しずつ速い動きに対応できるようになります。

記憶

ワーキングメモリーが発達し、おもちゃをタオルで覆って見えなくしても、10秒間ぐらい覚えていられるようになります。おもちゃの場所も、くり返し教えることで次の日まで覚えることができます。

運動

手足の筋肉もつき、体つきがしっかりしてきます。歩きだすのが早かった赤ちゃんは、くつをはいて外を歩きはじめますし、12か月頃にはつかまり立ちやつたい歩きをするようになります。

シナプス密度の変化

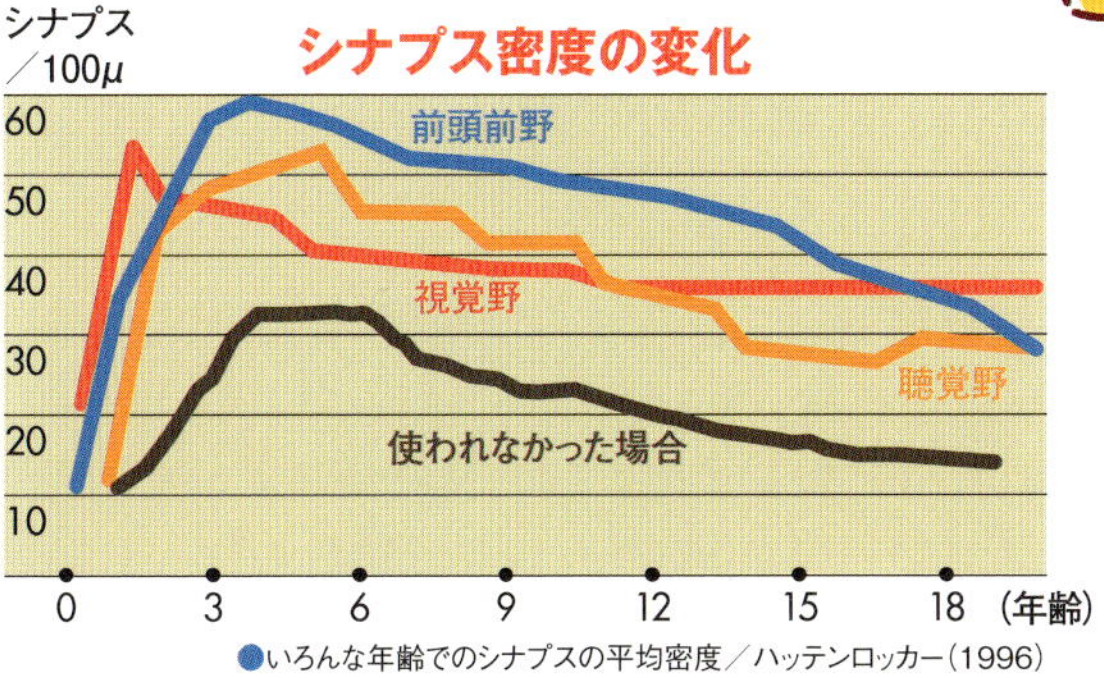

●いろんな年齢でのシナプスの平均密度／ハッテンロッカー（1996）

咀嚼《そしゃく》力

離乳食がはじまって、食べることに興味を持ちはじめます。するめや細長く切った牛のステーキなどを与えると、噛み切ろうと努力するため、咀嚼力、集中力を身につけていきます。

泣く

空腹や不快を訴えている

予測する

声かけで
何をするかを分からせる

おっぱいを飲む

生きるための反射行動

生後すぐ0〜1か月

お母さんの声を知っている

生まれた日から
声を聞き分けている

実は味にうるさい

味蕾は妊娠6週間で
できはじめている

行動前の声かけ

生まれた日から予測力をつける

赤ちゃんに授乳するとき、おむつをかえるとき、お散歩に出かけるときなど、何か行動をする前に、必ず赤ちゃんに哺乳瓶やおむつ、帽子などを見せて「○○ちゃん、これから○○するね」と声をかけましょう。

何回もくり返すことで、「哺乳瓶」や「おむつ」が**視覚**や**聴覚**など、**複数の回路**でつながり、これからお母さんが何をするかを**覚えます**。だいたい1年ほどで予測することを覚え、声かけすることで赤ちゃんは期待し、自分も準備をするようになります。声かけのときは、必ず最初に名前を呼びましょう。

必ずこれからすることに関連した物を見せ、声をかけて準備させましょう。

脳教室

声かけは「合言葉」ではない

赤ちゃんに何かをするときには、必ず声かけをしましょう。言葉の意味はまだ分かりませんが、すでに言語野は働いています。言葉を理解し、声を出す準備の活動があるためです。この準備活動は、生まれた日からはじまります。やがて、かけられた声が分かるようになると、働く神経細胞の数が増えてきます。声かけは、合言葉ではなく、赤ちゃんの脳への働きかけなのです。

グーとパー

手で物を操るための基礎づくり

赤ちゃんの手を見てください。グーに握っていますか？　生まれたばかりの赤ちゃんには**両手を握る把握反射**が働きます。もし、手を開いたままにしていたら、手を握らせなければなりません。手の平をペンなどの棒でぎゅーっと押さえ、お母さんの手で包むように、４本の指を握らせるよう刺激すると、グーにします。このとき、親指は外に出しましょう。手がグーに握れたら、次は手の甲を刺激して手を開く練習をします。グーもパーも3～5秒、同じ形をさせるようにします。練習をくり返して、だんだん強く握ったり、速く開けるようにしましょう。

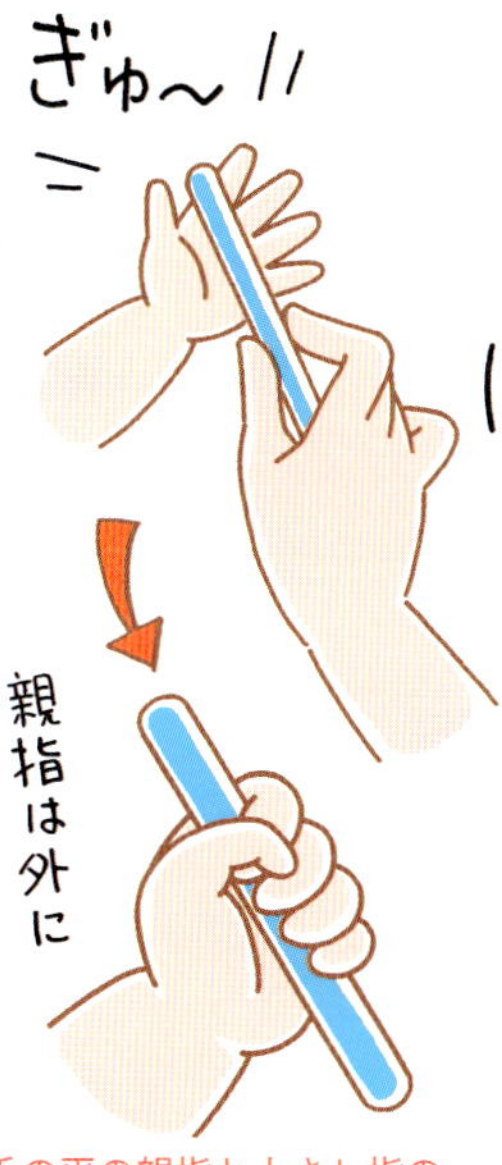

手の平の親指と人さし指の間を細い筒のようなもので斜めに刺激すると、手を握ります。グーのときは、親指を外に出した握り方になるように注意しましょう。

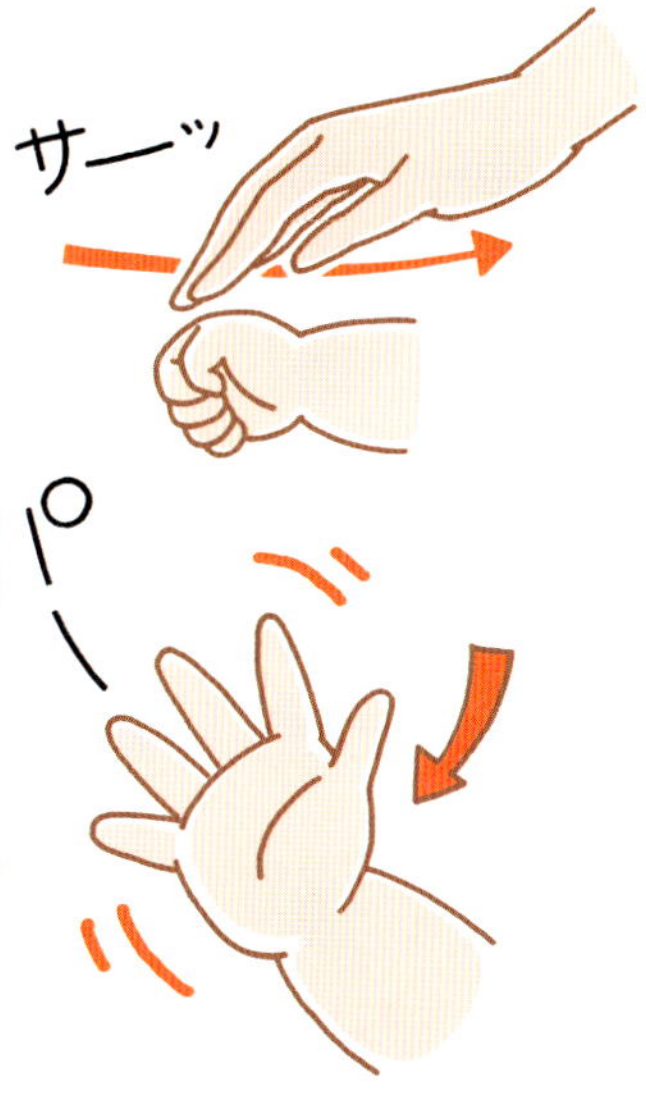

握っている赤ちゃんの手の甲を手首までなでると、赤ちゃんは手を開きます。

脳教室　手を握りやすくする「把握反射」

手で物が握れる反射を「把握反射」といいます。反射は特定の感覚刺激により、生まれつき備わっている特定の神経経路が働いて、筋肉が動きます。把握反射では、手の平が触られたり、押さえられると反射経路が働き、手の筋を支配している運動神経細胞が働いて、手を握る筋が収縮して手を握る動作になります。この反射を利用して、自分の意思でグーとパーができるように練習させるのです。

じっと見つめるトレーニング

赤ちゃんの目は、物を見たがっている

生まれたばかりの赤ちゃんでも物が見えます。ですから、生まれた日から、**網膜を刺激する**トレーニングをはじめましょう。最初の刺激はお母さんの顔。30センチほど離れて赤ちゃんと向き合い、「ママですよ」と声をかけて目と目を合わせます。赤ちゃんが両方の目でじっと見つめたら成功です。これを3～5回くり返します。赤ちゃんの視野は**上下左右約50度**ほどなので、赤ちゃんの正面で物を見せるようにします。家にある物でもいいですが、赤ちゃんは人の顔を見る傾向があるので、人の顔を画用紙に描いて見せるのもいいでしょう。

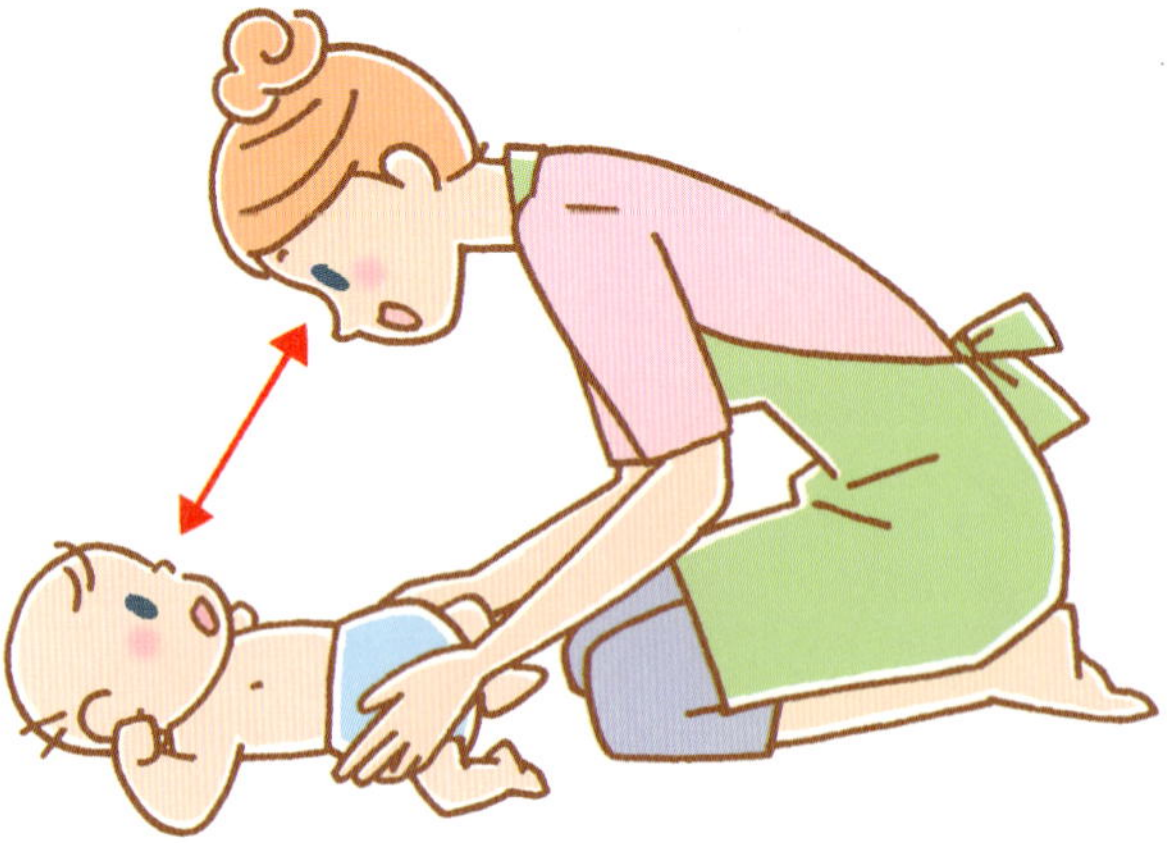

おむつをかえるときや授乳のときも、赤ちゃんの視界を意識して、じっと目を見るようにして話しかけてあげましょう。

脳教室

見つめる練習で視神経が発達する

生まれたばかりの赤ちゃんは、目をキョロキョロ動かしています。視野のどこかで動きを止めてじっと見つめさせると、物を見るようになります。見せる物は30センチ以上離れたところに置きます。まだ両目とも物体に焦点を合わせて見る「注視」はできません。まずは、見つめるトレーニングによって、目、視神経、視覚野を働かせることが大切です。

POINT

まだ視界は狭い

赤ちゃんの視界は目の幅より少し広いくらい。この幅を意識して物を見せましょう。

うつぶせ顔あげのトレーニング

運動

首すわりへの近道

窒息や乳幼児突然死症候群の心配があるため、うつぶせを敬遠するお母さんを見かけます。しかし、赤ちゃんが目を覚ましていれば、**危険ではありません**。また、うつぶせにさせることで、**首のすわりが早く**なります。さらに、仰向けで寝ているだけでは得られない刺激を、早い時期から得ることができます。1日に何度か赤ちゃんの機嫌のいいときに、顔を横に向け、息がちゃんとできるか確認しながら、後頭部をそっとなでて、顔だけをあげる練習をさせましょう。

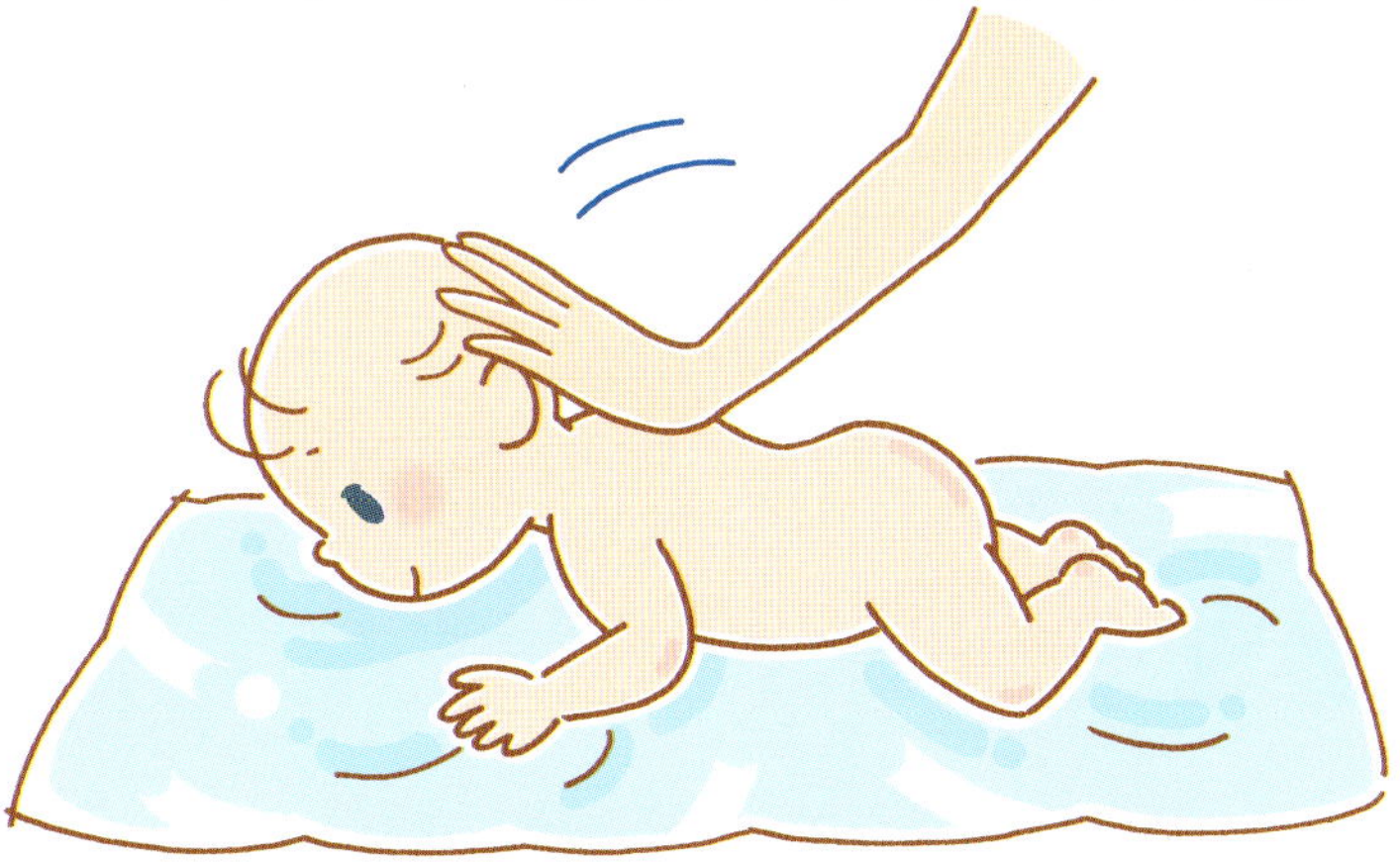

赤ちゃんの呼吸のじゃまをしないように、タオルケットやパッドなどの上でうつぶせの練習をしましょう。

脳教室
顔あげは背中の筋肉がカギ

顔をあげて上を向くと、背中の筋肉が収縮します。この筋肉が働くようになると、首をあげられるようになり、首がすわってきます。くり返し練習して、上を向いている時間を長くしましょう。顔の向きをかえるときは、背中の筋肉の収縮を助けるために、背中をさすってやります。

POINT

窒息に注意

うつぶせの練習は、必ずお母さんが付き添って行なってください。また、顔が埋まらないように、柔らかい布団は避けましょう。

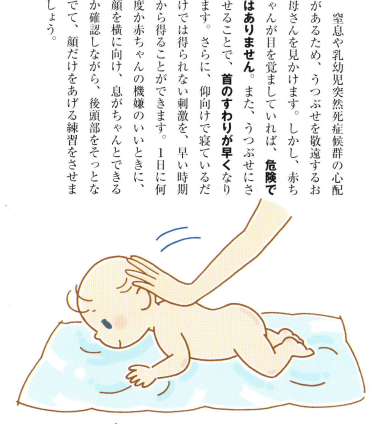

まねのトレーニング

表現力と感性を高める

赤ちゃんは生後2週間もすると、お母さんの顔のまねができるようになります。赤ちゃんと向き合って口を開けると、赤ちゃんも口を開け、舌を出すと赤ちゃんも舌を出します。この時期からいろんな表情を見せて、まねをさせましょう。顔のまねができたら、次は手。グーやパーの手を赤ちゃんに見せると、赤ちゃんもまねをします。まねをしなかったら**20秒以上じっくりと見せて**、反応を待ちます。まねができたら「よくできたね」と言いながらほっぺたをなでたり、キスをしたり、体をなでたりして、赤ちゃんが気持ちいいと感じるようにほめてあげましょう。できなくても心配はいりません。

脳教室

まねは「ミラーニューロン」の働き

まねをするのは、脳の44野にある「ミラーニューロンシステム」（鏡神経細胞系）が働くから。これは運動のまねを助ける役目をします。このシステムは、生後2〜3週の頃活発に働きます。ですから、この時期にまねの反応が出やすいのです。ここで、くり返し練習しないと、その後のまねは難しくなります。また、ミラーニューロンは相手の表情を見て、何を考えているかを理解する働きもします。

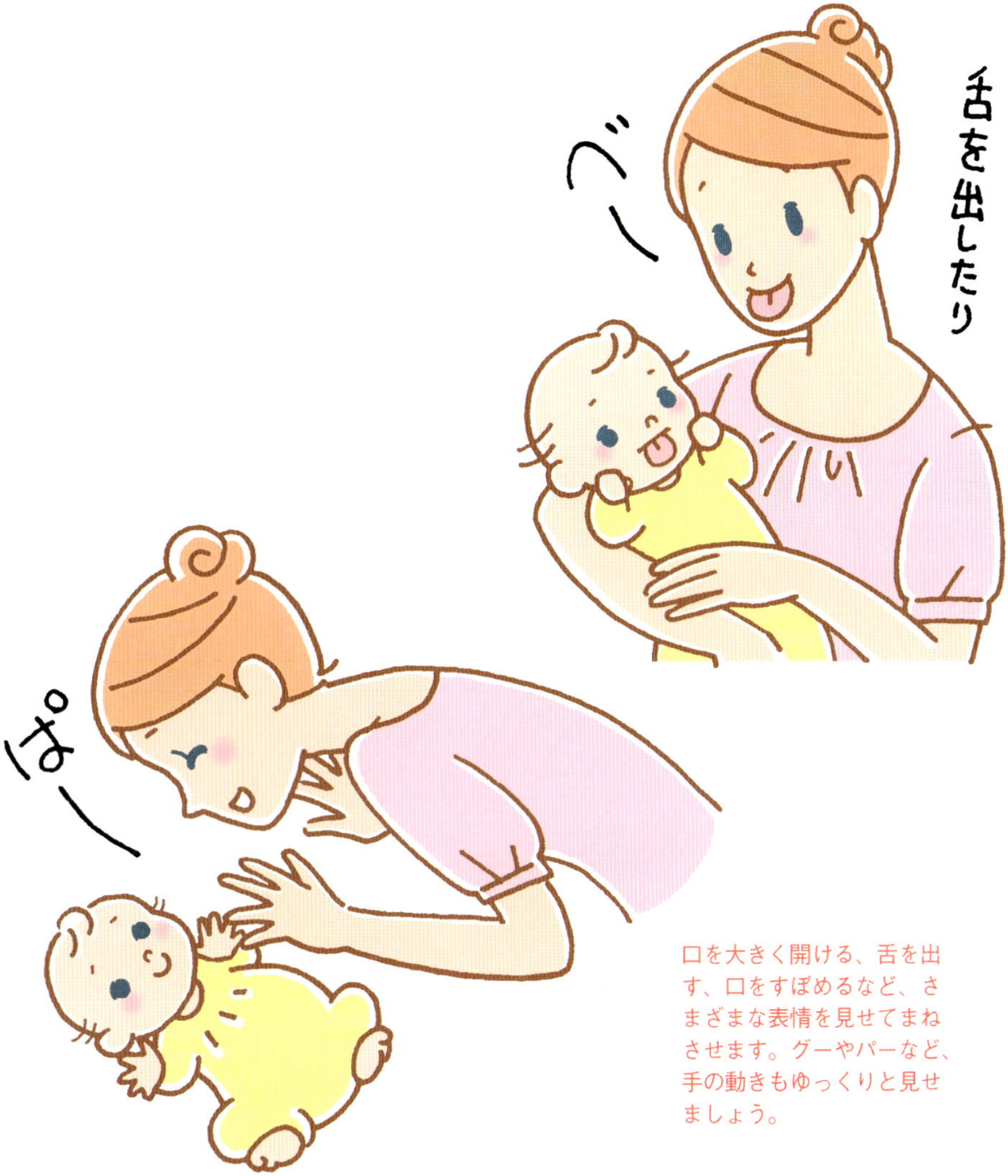

口を大きく開ける、舌を出す、口をすぼめるなど、さまざまな表情を見せてまねさせます。グーやパーなど、手の動きもゆっくりと見せましょう。

POINT

うまくまねをさせるには

❶顔や手は赤ちゃんの正面で見せるようにする。❷まねをしなかったら、顔や手を触って、まねができるように少し助けてあげる（たとえば舌が出せなかったら、赤ちゃんの口を開けて舌を出して、同じ顔つきにしてあげる、など）。❸できたら「よくできたね」と声をかけて、赤ちゃんが気持ちいいと感じることをしてあげる。

まねをするときは脳の「44野」（11ページ参照）という領域が働きます。ここを鍛えておくと一時的な記憶（ワーキングメモリー）もしやすくなります。

おっぱいを強く吸うトレーニング

運動

積極性と健康な体をつくる

自分でおっぱいが吸えるようになったら、次は**積極的に飲む**ことを覚えさせます。赤ちゃんがおっぱいを吸おうとしたときに、お母さんは体を少し後ろにのけぞらせて赤ちゃんから離れ、赤ちゃんがおっぱいにしがみついて力強く吸うようにします。このような反応を引き出すためにも、初期の授乳で、お母さんと赤ちゃんの**お腹が触れ合う**ようにしましょう。おっぱいを吸われるとお母さんのお腹の温度が上がり、触れ合っている赤ちゃんも気持ちよくなります。こうやって愛情をたっぷり注ぎ、**安心感を**充分に与えておきましょう。また、強く吸わせると**飲む時間が短縮**し、体重の増加も期待できます。

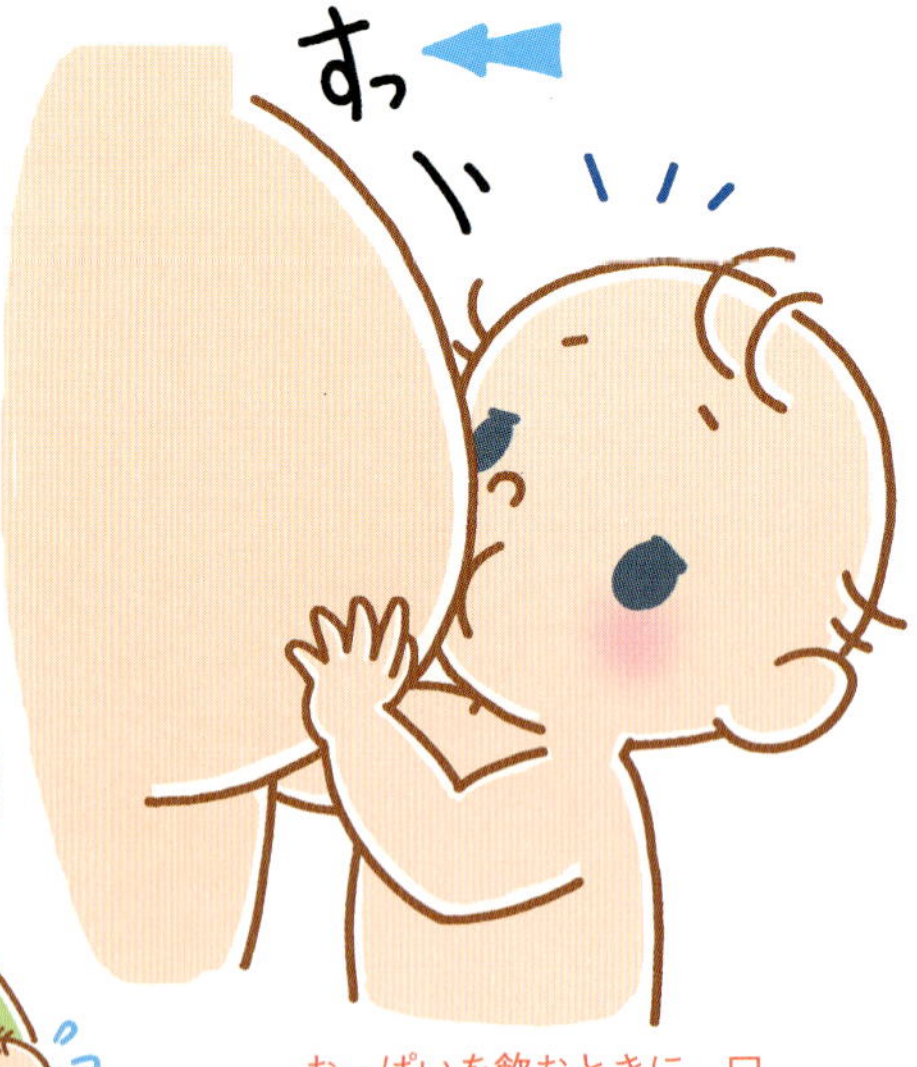

おっぱいを飲むときに、口もとからすっと乳首を離すと、赤ちゃんは必死に乳首を追いかけて吸おうとします。

脳教室

積極的行動の第一歩

お母さんの乳首を赤ちゃんの口の中に入れると、赤ちゃんは自動的に吸います。これが吸啜《きゅうてつ》（または吸引）反射です。赤ちゃんが吸うと、お母さんの脳下垂体《のうかすいたい》後葉《こうよう》からホルモンが分泌され、母乳がつくられます。この反射を利用して、強く吸うことを覚えさせます。積極的に行動することを覚える第一歩です。

POINT

ミルクも同じ

ミルクの場合も同じように、抱っこの状態で哺乳瓶の乳首を吸おうとしたら、少し後ろにずらします。

おむつがえ

「気持ちいい」を覚える

おむつがえは「**気持ちいい**」という感じを覚えるいいチャンスです。汚れたおむつはなるべく早くかえるようにしましょう。かえるときは、新しいおむつを見せて、「おむつをかえましょうね」と声をかけ、かえ終わったら必ず、「気持ちよくなったね」と声をかけます。そして両手の手の平でお腹や足をさすって、圧刺激を加えながらほめてあげます。赤ちゃんは触られることを快く感じますから、「**声かけ**」と「**スキンタッチ**（皮膚接触）」がおむつがえの**ごほうび**（報酬）となって、気持ちいいことだと認識します。ほめるときは、いつも同じ声かけやスキンタッチをしましょう。

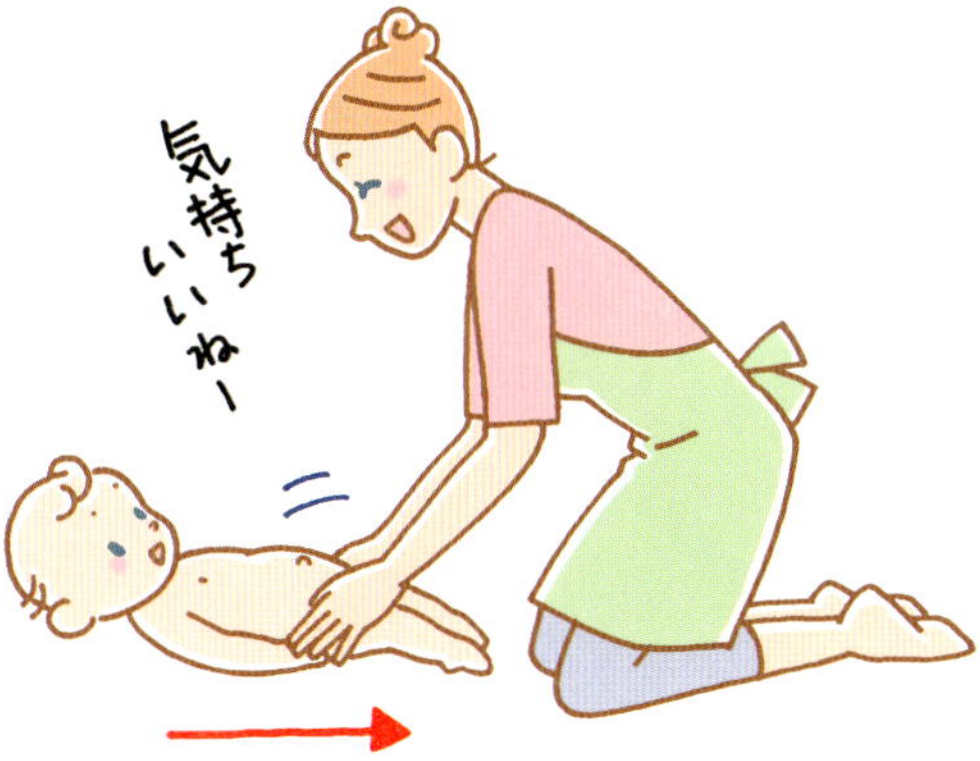

おむつを外して体をふき、きれいにしたら、体中をさすってあげましょう。

おむつをかえるときには必ず声かけをして、これから何をするかを教えます。

脳教室

「やる気」を起こさせる報酬系の働きを高める

人間はごほうびを与えると、脳の報酬系が働いて「快感」が生まれます。これは、ごほうびが刺激となって、脳の腹側被蓋野《ふくそくひがいや》という領域が働いて「やる気」を起こさせ、側座核《そくざかく》が働いて「気持ちいい」という快感が生じるシステムです。この報酬系が働くと、同時に前頭葉《ぜんとうよう》全体と前頭《ぜんとう》前野《ぜんや》もよく働くようになります。おむつがえの気持ちよさを、一度体験すると報酬系が働き、その気持ちよさを赤ちゃんは期待して待つようになります。そしておむつがえの度に、気持ちよさを感じ、前頭前野が刺激されるのです。

記憶する

ワーキング
メモリーが働く

手を見つめる

心が発生する

前頭前野が働き出す

シナプスが
増えはじめる

寝返り期 2～3か月

舌を出す
お母さんの
顔まねをする

たて抱きにする
赤ちゃんの世界が
広がる

いない・いない・ばあ……1

ワーキングメモリーを鍛える

生後2か月を過ぎると、寝ているときに**微笑みの表情**を浮かべます。お母さんが笑顔を見せて「ばあ」と言ったとき、笑うようになったら、「いない・いない・ばあ」の訓練開始です。赤ちゃんがお母さんの笑顔を見たのを確かめて「いない」と言い、自分の顔を両手で覆います。赤ちゃんが見ていることを指の間から確かめて、「ばあ」と言って赤ちゃんと**一緒に笑います**。顔が見えなくて「いない」のは一瞬です。一緒に笑うようになるまで**くり返し**ます。赤ちゃんが笑ったら、「笑ったね、できたね」と言って、ほっぺにキスをして、顔をなでてあげましょう。

お母さんが手で顔を隠しても、じっと手を見ているようだったら、何回もくり返し、楽しんで練習しましょう。

脳教室

ワーキングメモリーを鍛える

「いない・いない・ばあ」は、見えなくなった物を覚えておく、前頭前野《ぜんとうぜんや》の記憶の訓練です。赤ちゃんは、見えないものは頭から消えてしまいます（アウト・オブ・サイト、アウト・オブ・マインド）。しかし、訓練で覚えられるようになると、その記憶は前頭前野に保存されます。訓練しているうちに神経細胞が働くようになるのです。これが「ワーキングメモリー」と呼ばれる一時的記憶です。

POINT

赤ちゃんがそっぽを向いたら

お母さんが顔を隠すとそっぽを向いてしまうようだったら、時期が早いということ。もう少し、顔の表情を見る練習をさせましょう。

見るトレーニング……1

「見る」から「見たい」へ、欲求力を高める

今までじっと物を見る練習をしましたが、この頃になったら対象物の位置を少しずらして、目だけで追って見ることを覚えさせます。まだ**速い動きには目が追いつきません**から、赤ちゃんが見ているときに、ゆっくりと動かします。この練習は見る行為とともに、**積極的に物を見ようとする**練習にもなります。上手に見られるようになったら、動きを速くしたり、動かす距離を長くしても見ていられるように練習をレベルアップさせましょう。

赤ちゃんの視野を意識しながら、少し動かしたら止めてじっくり見せ、また動かすという練習をくり返しましょう。

脳教室

赤ちゃんの視野をチェックしながら

赤ちゃんは、対象物が視野の外方へいくと、とても見えにくくなります。見える範囲は生まれた日から、刻々と変わっていますから、ときどき視野のチェックをしましょう。両目の真中から左右上下どのくらいの範囲が見えているかを見ます。まず、赤ちゃんに物を見させ、ゆっくりと動かし、見えなくなる場所を推測します。

まんまる運動

危険から身を守る動作の基本

うつぶせの姿勢ができるようになったら、**『迷路反射』**の訓練をはじめます。迷路とは耳の奥にある三半規管や耳石器の別称で、頭が上下左右へ動いたときに起こる反射を『迷路反射』といいます。**頭が傾いた方向に、体も一緒に動く**という反射で、力（加速度）によって刺激されます。ゆっくり姿勢が変わるだけでは刺激されません。まんまる運動は前半規管と後半規管が刺激されます。この反射を身につけると、おすわりを覚えたばかりの不安定な時期に、**安全な転び方**ができるので、ぜひこの時期から練習をはじめましょう。

仰向けに寝かせて、両手で足首を持たせる。

足の指をなめさせたり、おつむてんてんをさせてもいい。

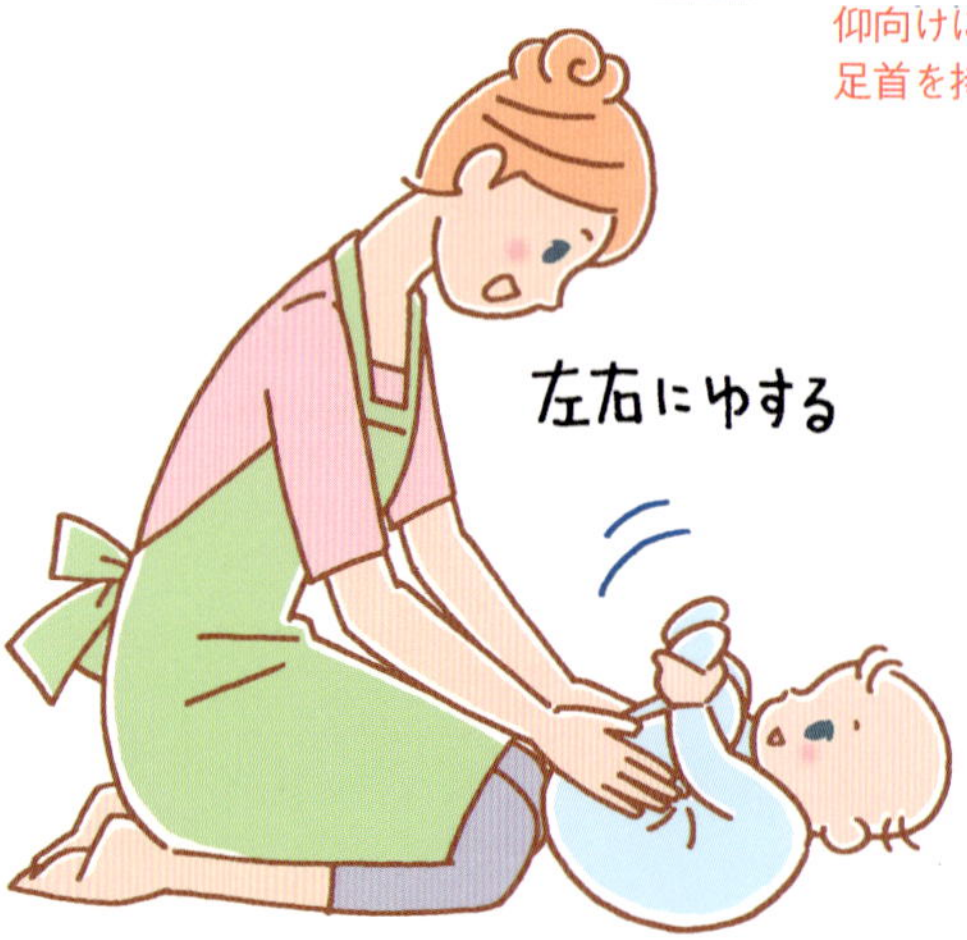

両手で足首を持ったら、太もものあたりを押さえて、左右にゆする。

脳教室

前後左右に転がれるまんまる姿勢

頭を床につけて回転できるようにするため、まず、まんまる運動をします。両手で両足首を握らせて体をまんまるくさせ、顔を肩の方、次に逆の肩、最後に天井が見えるように体を押します。これを何回かくり返しましょう。だんだんスピードをあげて、半規管の刺激を強くします。

ごろん運動

回転運動で、視覚に新しい刺激

『まんまる運動』と同じように、『**迷路反射**』を利用した運動です。最初はまるまったままでもかまいません。背中を支えながらおしりのあたりを軽く押して、ごろんとうつぶせにします。このとき、両手が胸のところで交差しないように注意してあげましょう。この回転運動は、三半規管を刺激するだけでなく、赤ちゃんが見る**景色が急激に変化**するので、**視覚にも大きな刺激**を与えます。赤ちゃんの様子や機嫌を見ながら、ゆっくりと慣れさせていきましょう。

赤ちゃんを仰向けに寝かせ、頭をそっと横に向ける。

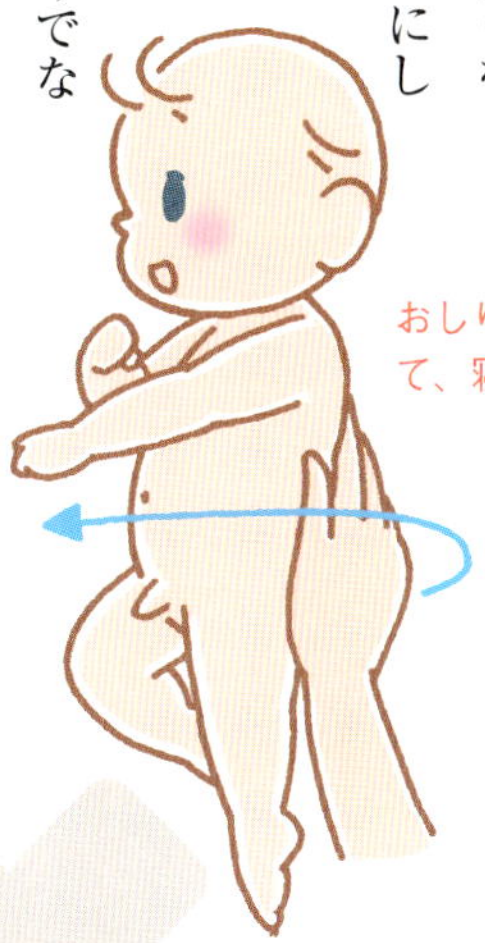

おしりのあたりを軽く押して、寝返りを促す。

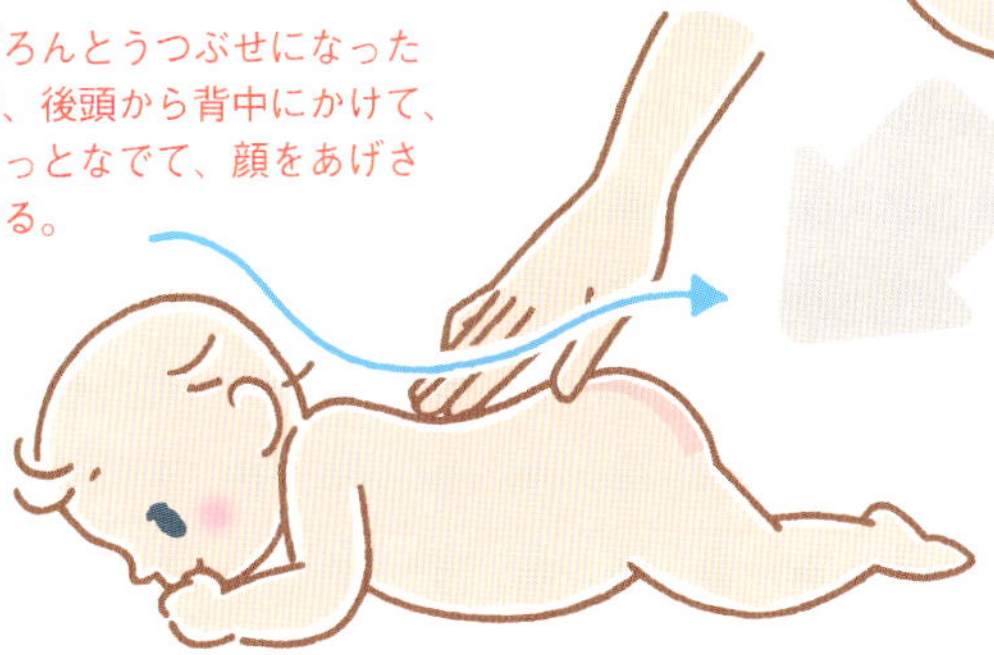

ごろんとうつぶせになったら、後頭から背中にかけて、そっとなでて、顔をあげさせる。

脳教室

最終目的は加速度刺激

まず、頭を回転させ、それによって体を回転させて、うつぶせにします。半規管に回転の刺激を与えるのが目的です。ゆっくりとした回転は、半規管の刺激にはなりません。速度（スピード）ではなく、加速度（フォース）が大切なのです。ですから、はじめはゆっくりと回転させ、できたら少しずつ速く回転させるようにしましょう。

POINT

三半規管って？

三半規管《さんはんきかん》は耳の奥にある3つの半規管（前半規管・後半規管・外半規管）の総称で、かたつむりのカラのような形をしています。この管の中に入っている「リンパ液」が動くことによって、体の回転加速が脳につたわって、姿勢を保つことができるのです。

散歩を楽しむ
5感を刺激し、脳全体をフル回転させる

外の世界には、家の中にいては得られない刺激がたくさんあります。天気がいい日には、ぜひ散歩に連れて行きましょう。散歩はベビーカーでなく、**お母さんと同じ方向を向かせた「たて抱っこ」でします**。道路からの振動や肌に当たる太陽の熱などを感じられますし、公園に行けば、子供たちのあそぶ声や花の匂いなどが、自然と**赤ちゃんの視聴覚を刺激します**。このように同時にさまざまな刺激を受けることで、脳のたくさんの場所を働かせる練習になるのです。

お母さんと同じ目線で、視覚からさまざまな刺激を得られます。たまに、小走りで歩いたり、スキップをすることで、走るというリズムも身につけることができます。

脳教室
外の世界を体感させる

赤ちゃんと外の世界を共有します。山や川、動物、植物はもちろん、人や自動車など、物の名前も復唱して教えます。「好き・嫌い」の表現は、お母さんの印象として伝えるだけにしてください。散歩するときは、リズミカルに歩いたり、通行人や自転車をよけるときは、すばやく動いて、危険を避けるということも教えましょう。世界はつねに動いているということを体で覚えさせるのです。

1日のリズムづくり

昼間の刺激で、睡眠リズムをつくる

1日が24時間というのは地球の自転に合わせたもので、人間本来の1日のリズムはだいたい23・5時間（概日リズム）です。**生まれたばかりの赤ちゃんは眠る時間、起きる時間が決まっていない**ため、**リズムのない生活**をしています。ですから、赤ちゃんは生活のリズムと同時に、24時間に合わせた生活リズムを覚えていかなければなりません。そのために、昼間起きている時間を少しずつ長くしていきます。放っておくと赤ちゃんは眠ってしまいますから、**「起こすために、あやす」**という意識を持って、赤ちゃんと接するようにしましょう。6～8か月で昼・夜、覚醒・睡眠のリズムをつくっていきます。

「寝る子はいい子」は、親が働きかけて刺激を与えてない状態です。「手がかからないのは脳を鍛えていないこと」と考えて、積極的に触れ合う時間を増やしましょう。

脳教室

早い時期から習慣づけをする

赤ちゃんが1日のリズムを覚えるのは、生後6～8か月経ってからです。毎日決まった時間に眠り、決まった時間に起きることを、少しずつ習慣にしていきましょう。眠る前に、子守唄を歌って、体をゆっくりと揺らすのも一案です。部屋を静かに、暗くして、温度にも気をつけましょう。

物を持つ

立体を知る

会話ができる

赤ちゃん言葉を
話しはじめる

肺活量が増える

長く大きな声で
泣き続けられる

首すわり期 4～5か月

社会性がつく

相手の心を知る

笑う

「うれしい」が分かる

迷路反射

身体能力の土台をつくる

首がすわりはじめたら、『ごろん運動』（47ページ）を速くして、本格的な『迷路反射』の練習をはじめます。基本的には、寝返り期の『ごろん運動』とほとんど変わりはありませんが、**頭を起点**として回す、**回転を速く**していく、**スフィンクス**の姿勢でフィニッシュさせる、この3点に重点を置いて練習してください。『迷路反射』は頭を横に向けるスピードが速くないと起こりません。ですから、赤ちゃんの発達状態に合わせて、運動の強さを変化させながら練習しましょう。

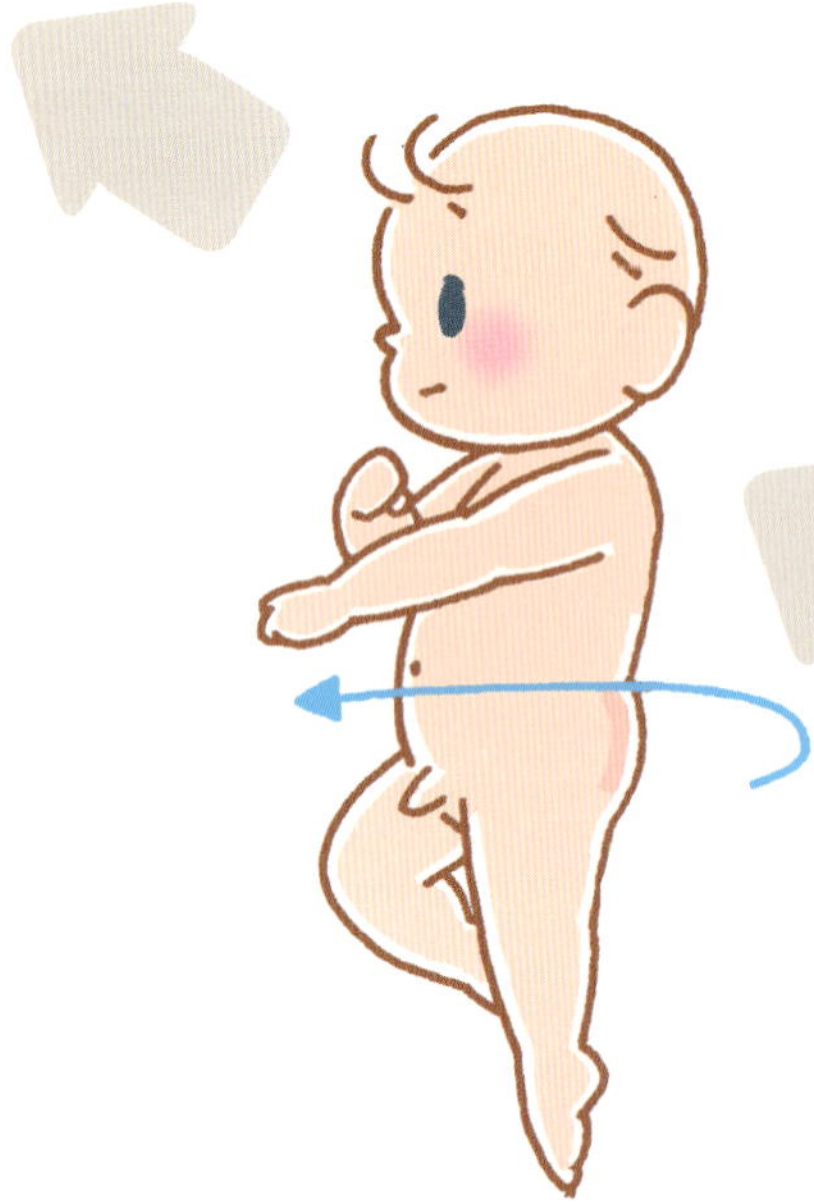

自然と体が寝返るのを待ちます。

首に手を当て、首に負担がかからないようにゆっくりと顔を横に向けます。

慣れてきたら どんどん スピードアップ!!

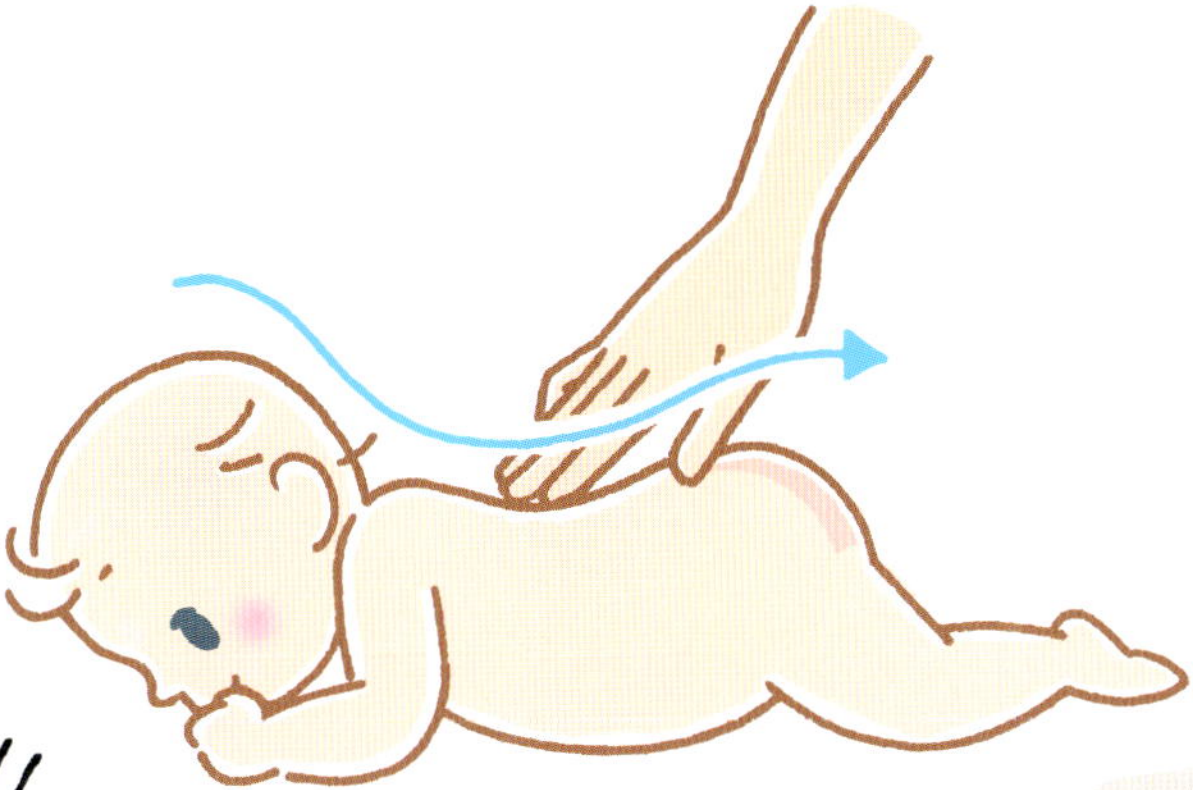

寝返りがうてたら、呼吸ができているかどうか確かめ、後頭部から背骨に沿って、すーっとなでおろします。

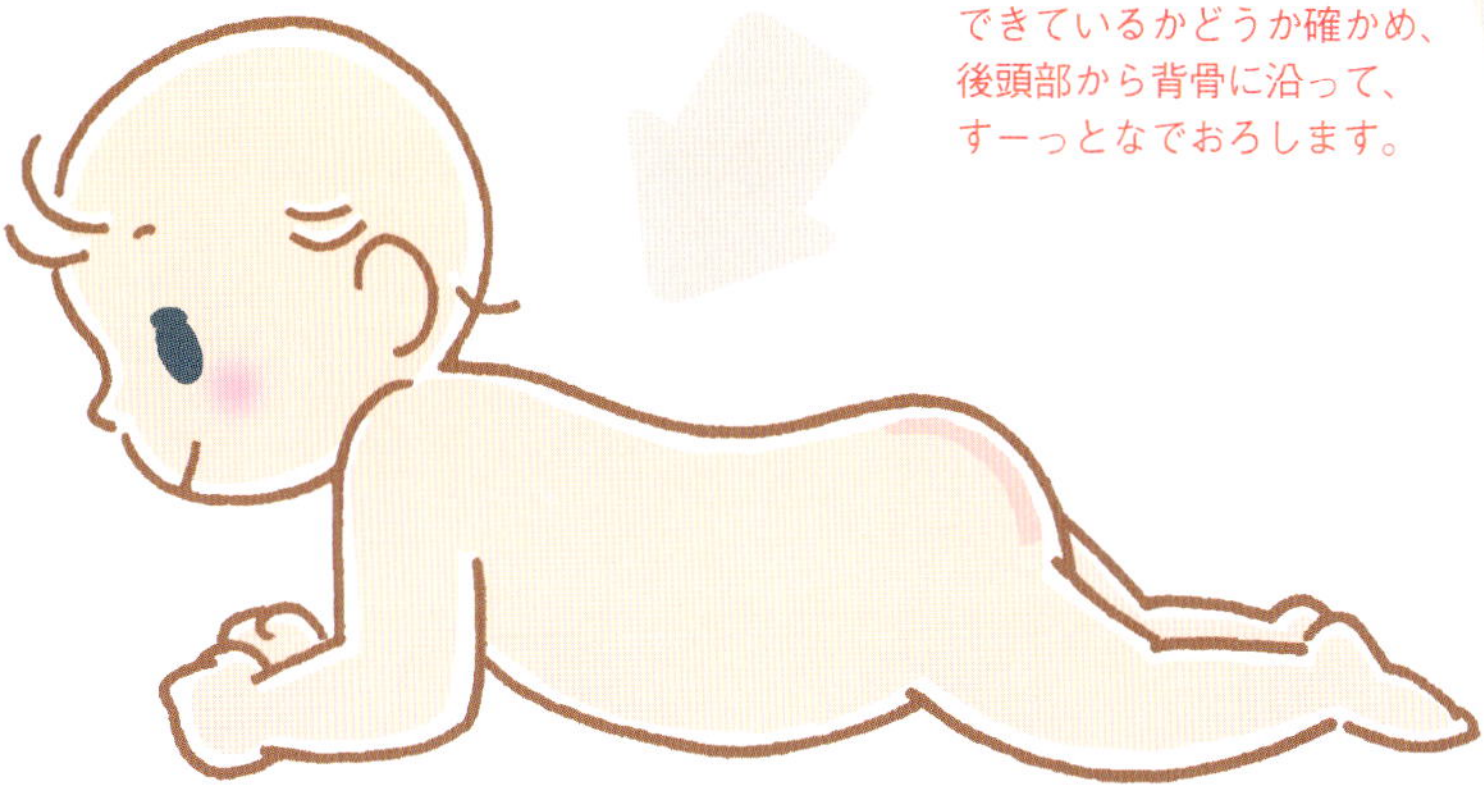

スフィンクスタイルでフィニッシュ!!

首を持ちあげ、スフィンクススタイルになります。反対側も同様に行ないます。

脳教室

三半規管の刺激で起こる迷路反射

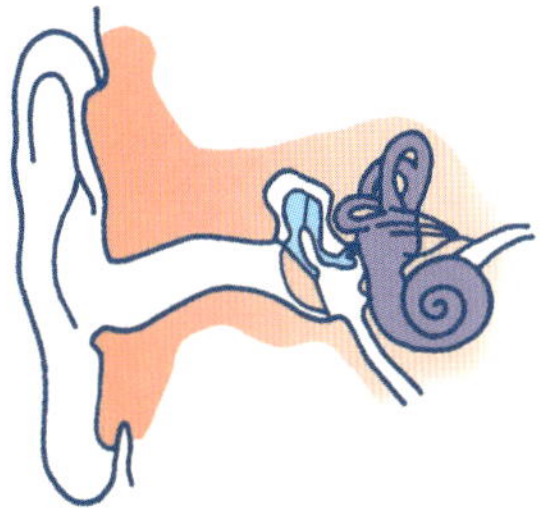

顔を左または右に動かすと三半規管の一つ、「外半規管」の膨大部が刺激されて働きます。刺激になるのは横回転の加速度ですから、ゆっくり顔を動かしても刺激になりません。この刺激で緊張性迷路反射が起こって、独特の動きが見られるのです。赤ちゃんのときは迷路反射を起こしやすく、刺激で面白いように赤ちゃんの体は反応します。

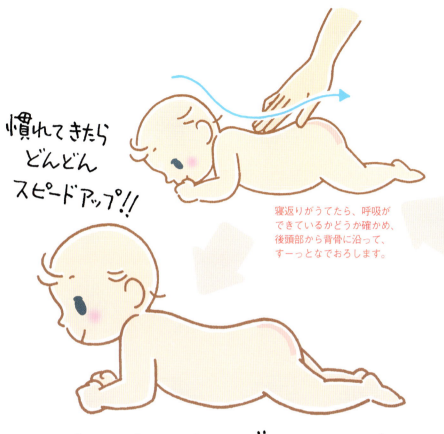

おむつ体操……1

動かないこと(ノーゴー反応)を教える

この頃になると、赤ちゃんはとても活発になり、おむつがえのときもじっとしていません。この時期に「行動しない＝やめる」という**ノーゴー反応**を教えます。ポイントは「ノー・ゴー」のときの言葉を決めるということ。「ダメ」でも「ノー」でもかまいません。足をバタバタさせたら、「ダメ」と厳しく言って、太ももに手を当てて押さえ、動けないようにします。その間にさっとおむつをかえて、最後に「ちゃんと動かないでいられたね」と、下半身をなでながら、たくさんほめてあげます。最初は押さえつけられて動けないだけですが、動かなければほめられることによって、「ノー」の合図だけで**自発的に「行動しないこと」を覚え**ていきます。

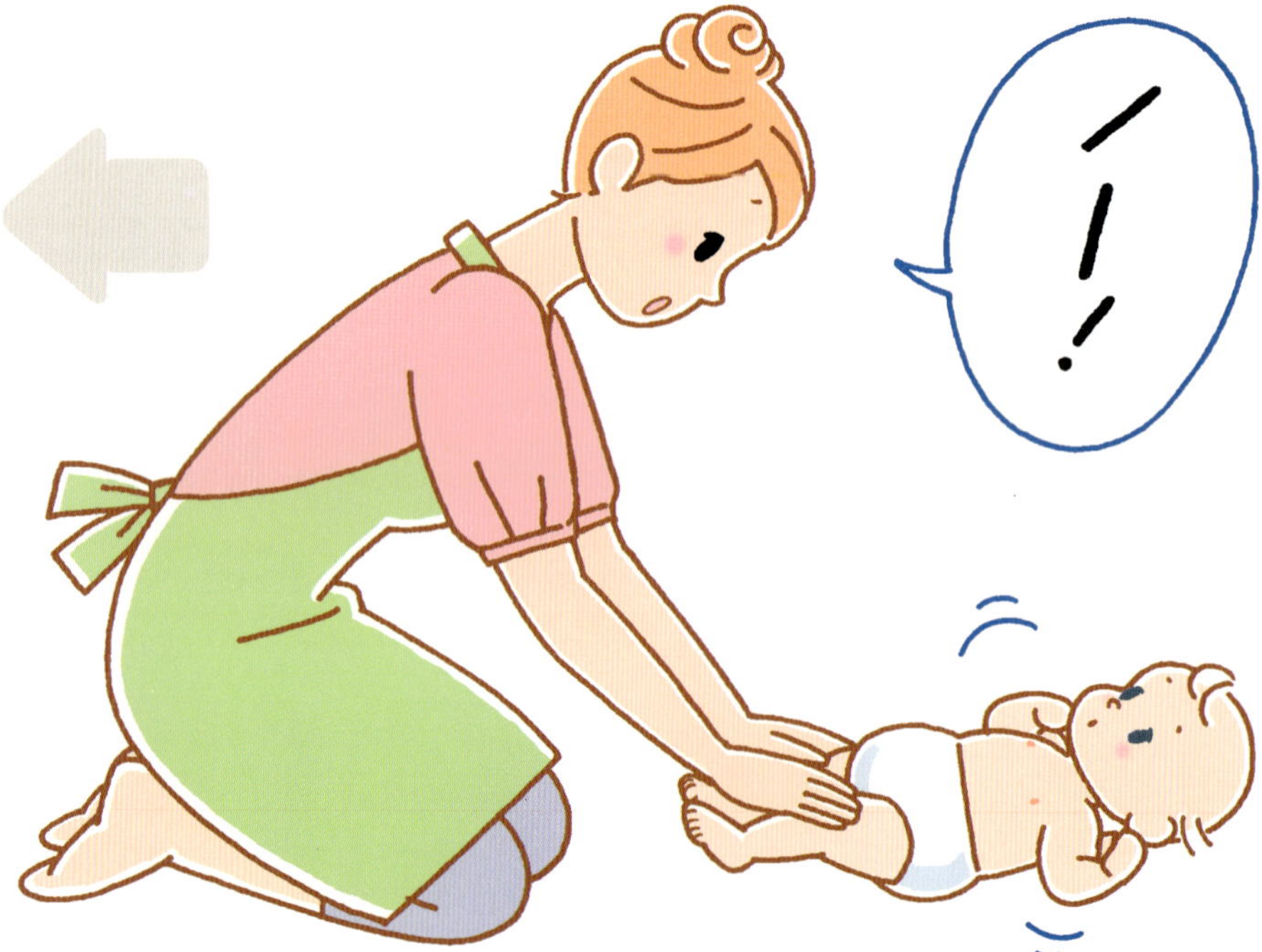

おむつを外して赤ちゃんが足をばたつかせたら、「ノー」と言って太ももを軽く押さえて、動きを止めます。

脳教室

我慢ではなく、楽しくやめる

「行動しない」には、「自主的にやめる」と、「我慢してやめる」という2つのパターンがあります。自主的にやめることを『ノーゴー反応』、我慢してやめることを『ストップ反応』と言います。この2つの反応は、右の前頭前野の後方部の働きです。『ノーゴー反応』は、ほめられることで自主的にやめることを覚え、それには「快感」という報酬がともないますが、『ストップ反応』は、やめることができても報酬がないので、行動を抑えにくいのです。ヒトがよりよく生きるためには、『ノーゴー反応』をうまく利用した方がいいでしょう。

全部が終わったら、体を触りながら「かしこいねー」とほめてあげる。

POINT

上手な「ノーゴー反応」の引き出し方

❶いつも同じ言葉でやめさせる。❷動かしている筋肉の上に手を乗せると、力を入れなくても動きを抑えられる。❸できたら、たくさんほめる。この訓練をくり返すことで、実生活にも応用できるようになる（たとえば、危険な物に触ろうとしたときに「ダメ」と言うと、触らないでいられるようになるなど）。

ゴロ寝運動

バランス感覚を鍛える

首がすわってきたら、あそびながら迷路反射を起こす耳石器を上下左右に刺激して、**バランス感覚を鍛えましょう**。耳石器とは三半規管と同じように、重力や遠心力、直進加速度を感知する器官です。ゴロ寝運動は赤ちゃんを仰向けに寝かせて、肩が床から離れない程度に、足を持ち上げたり戻したりします。あごが上下すると同時に、赤ちゃんが見ている世界も上下に動きます。足をあまり高く上げると、首に負担がかかってしまうので、最初は少しだけ持ち上げるようにし、**慣れてきたら動きを大きく**していきましょう。

ゴロ寝運動は、前後の回転刺激で耳石器を刺激します。

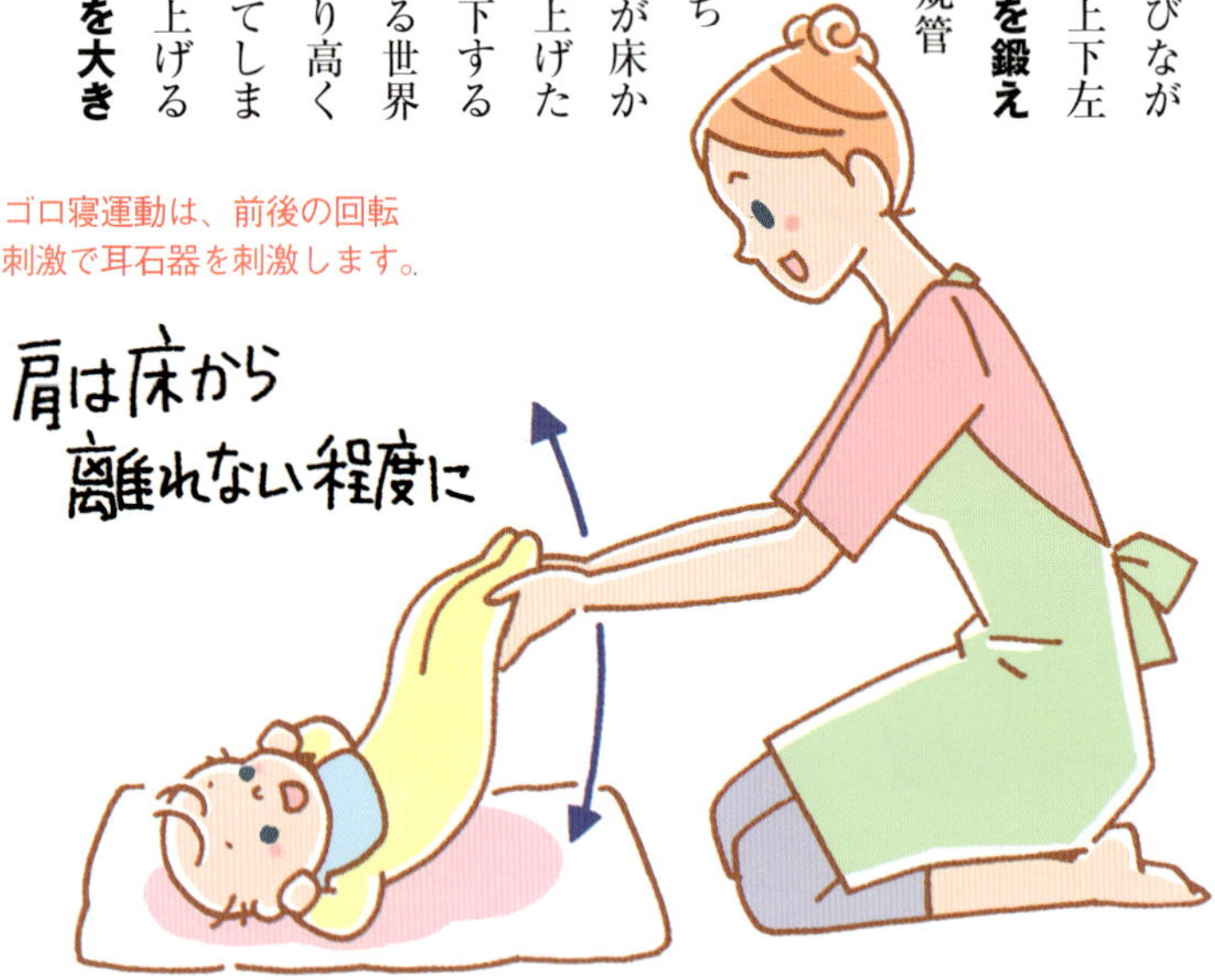

脳教室

上下左右の移動で刺激される耳石器

三次元の世界で、上下左右に移動するときは、耳石器が刺激されます。特定の刺激（速度など）を感じる受容器、神経中枢がある感覚は、特性感覚です。耳石器、三半規管が働いて起こるので、平衡感覚（バランス感覚）といわれますが、感覚は感じていません。エレベーターで高いところへ移動しているとき、上方へ移動していることが分かるのがバランス感覚なのです。平衡感覚の刺激が左右で違うと、「めまい」を感じます。耳石器の適刺激は直進加速です。

タオルぶらんこ

赤ちゃんが大好きな回転運動

あそびながら左右の回転刺激を与えます。赤ちゃんをバスタオルの上に仰向けに寝かせ、ふたりでタオルの両端を持って、赤ちゃんを包み込むように持ち上げて、左右に振ります。最初はビックリさせないように、赤ちゃんの目を見て「揺らしますよ」と声をかけて小さく揺らします。**赤ちゃんが笑っていたら成功です。**日数をかけて慣らしていき、**次第に揺らす幅を大きくして、刺激を強く**していきましょう。

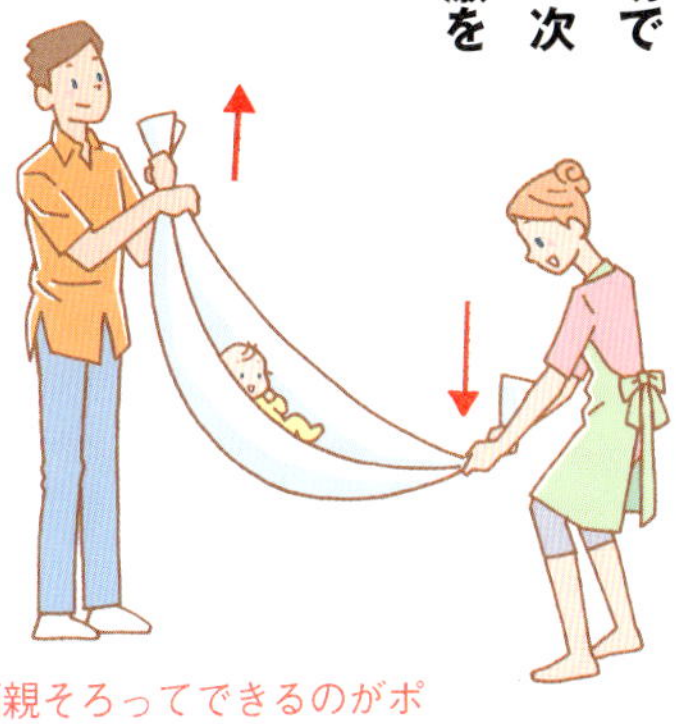

両親そろってできるのがポイントです。左右に揺らしたり、頭を上下に揺らしたり、いろんな方向にブラブラさせてみましょう。

脳教室

体が動いてもはっきり物が見える

ぶらんこによって、目、手、足の位置が変わり、迷路反射が刺激されます。体が動いたときに、物が二重に見えないように訓練するため、頭を動かすことが大切です。左右の横半規管が回転加速で、耳石器の球形嚢《きゅうけいのう》が直進加速で働きます。弱い刺激の繰り返しで気持ちよさを味わってもらいます。表情を見ながら、赤ちゃんが気持ちいいと感じているかどうかをチェックしましょう。

たかいたかい
歩く・走るための訓練

耳石器は、歩いたり走ったりするときには前後、エスカレーターなどでは上下の刺激を受けています。これを『**直進加速**』といいますが、この練習をしていないと体の位置をうまく保てなくなり、転びやすくなります。その点、「たかいたかい」は『**垂直加速**』を練習するのにとてもいいあそびですが、急に強い刺激を与えると脳に悪影響を与えることもあります。最初は**小さくゆっくり**した動きで、慣れてきたら**大きく速く**して、刺激を強くしましょう。赤ちゃんから手を放さないように、気をつけて行なってください。

急に強い刺激を与えると、脳の血管が切れる危険があります。赤ちゃんの表情を見ながら、少しずつ高さや刺激を変えてあそびましょう。

慣れてきたら、高一く高く、持ち上げます。

脳教室
普段と違う視界を経験させる

「たかいたかい」で体を持ち上げ、そこで周りをよく見せながら、高い状態を少しずつ長くしていきましょう。高いところから下に降ろすとき、手を放してはいけません。はじめはゆっくりと降下し、だんだん速く降ろすようにします。また、降ろしてから、高いところで何が見えたかを聞きましょう。この「たかいたかい」は、お母さんの体力も必要です。

会話あそび

「あー」「まー」を意味のある言葉にしていく

4か月を過ぎると、赤ちゃんは「あー」や「まー」など、声を出すようになります。これが喃語《なんご》です。この喃語が出てきたら、まねをしてあそんであげましょう。最初は**オウム返し**でかまいません。お母さんがまねをしてあげると、くり返し発音するようになります。そのうち、赤ちゃんが「まー」と言ったら、「ママね」と言って自分を指さすなど、喃語を**意味のある言葉**に関連づけていくようにします。

赤ちゃんはしゃべれなくても、言葉の意味を理解する脳の領域は働いています。この時期からいろんな言葉と関連づけて、刺激を与えてあげましょう。

脳教室

まずは発声させるだけで充分

音を使ったミラーニューロン系（38ページ）のあそびです。はじめは、赤ちゃんに発声させることが大切です。赤ちゃんが出した音と同じ語音を、長く出し続けてください。赤ちゃんが「まー」と言ったら、お母さんも「まー」と言います。小さい声や大きな声で返事をして、同じ音を出させるようにします。時々、赤ちゃんと違う音も出してみましょう。お母さんが主導して、赤ちゃんが反応するように働きかけてください。

指のお散歩

皮膚感覚とリズム感を磨く

赤ちゃんは**お母さんと触れ合ってあそぶ**のが大好きです。赤ちゃんを抱っこしながら、手足や体の表面を指に散歩させるように動かして、楽しみながら**リズム**や**指の動き**を教えていきましょう。普段からよく聞かせている歌の、リズムや強弱を変えて歌い、指の動きもそれに合わせて変化させながら、**何回もくり返し**教えます。ときにはCDやラジオを聴きながら、そのリズムに合わせて指の動きを速くしたり遅くしたり強弱をつけるなど、あそびの要素を取り入れて、長く続けるようにしましょう。

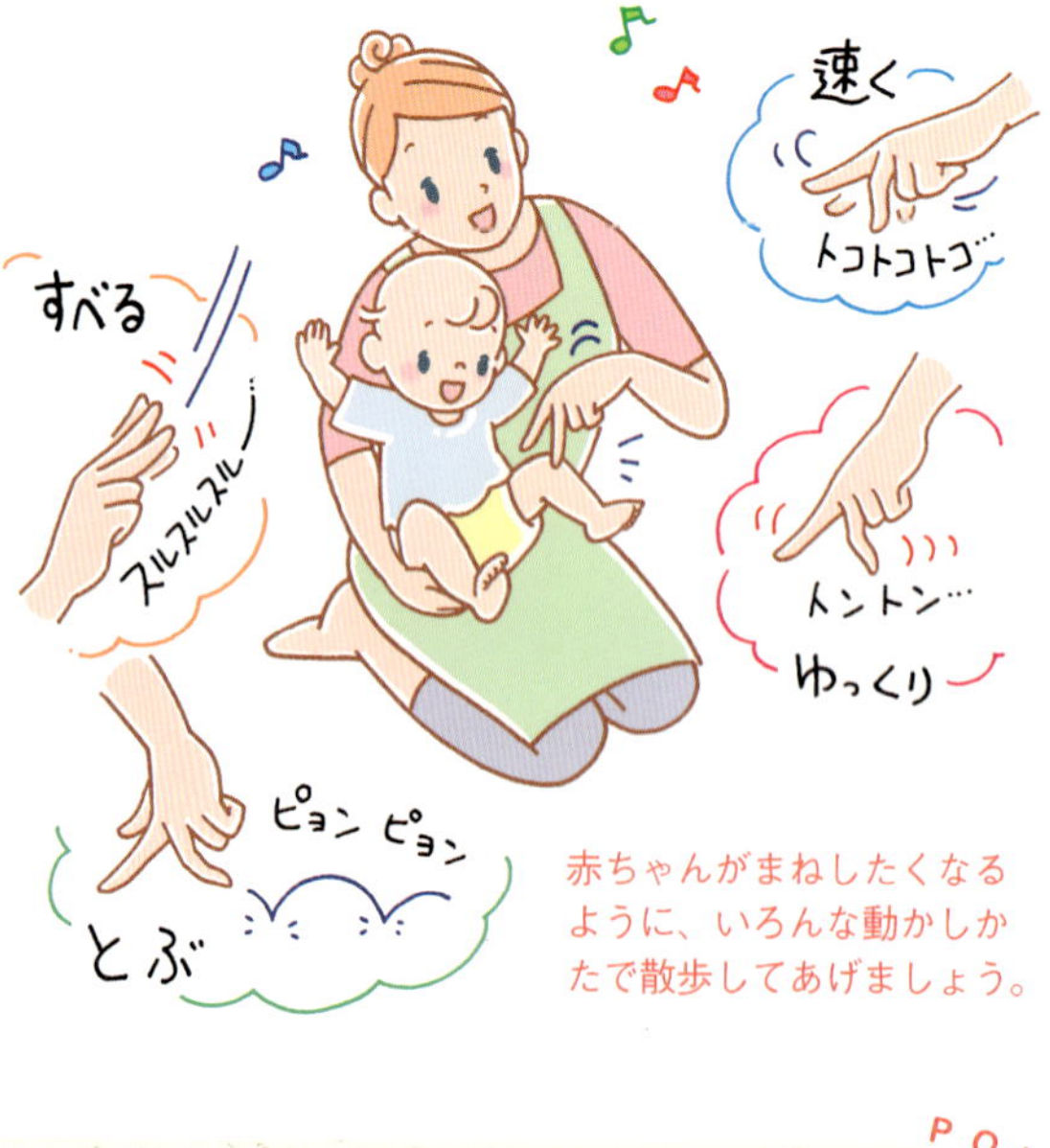

赤ちゃんがまねしたくなるように、いろんな動かしかたで散歩してあげましょう。

脳教室

1秒に2回動かせるように

1本から4本までの指運動をくり返し行なって、リズム感を身につけます。音楽に合わせるとよいでしょう。2秒に1回からはじめて、1秒に2回動かせるくらいまで訓練してください。長く続けることが大切です。ある程度できるようになったら、「強・弱・強・弱」と押す力を変え、まねをさせましょう。

POINT

単調な童謡で

最初は「もしもしかめよ」や「ぽっぽっぽ、はとぽっぽ」など、単調な童謡を使ってあそびましょう。ときどきリズムを変えたり、同じフレーズをくり返したり、スキップするような歌い方をしながら指を動かすと、赤ちゃんも興味をしめします。いろんな歌を聞かせるよりも、同じ歌をくり返し聞かせた方が、まねをしやすくなります。

いない・いない・ばあ……2

「心」を理解するミラーニューロンを働かせる

初期の「いない・いない・ばあ」で5秒間覚えていられるようになったら、さらに難しい「**お母さんの顔を理解**」する訓練に挑戦しましょう。お母さんが笑おうとする顔を見せながら「いない」と言って、ハンカチや画用紙などで顔を隠します。これは、顔つきを覚えて、これから起こることを期待して待つための訓練です。**顔から「心」を理解**するのは、**ミラーニューロン**の最高中枢の働きです。このミラーニューロン系が働くようになるのは、隠された物を5秒ぐらい覚えられ、**報酬系が働いて喜べる**ようになるこの時期からです。待っていられたら「ばあ」と言って笑顔を見せ、「待てたね」と声をかけて、たくさんほめてあげましょう。

「いない・いない」の時間を少しずつ長くして、赤ちゃんに期待させる時間を長くします。

脳教室

「心」を読み取るミラーニューロン系

ミラーニューロン系は、まねをするときに働くだけではありません。相手の顔を見て、何をしようとしているか、相手の「心」を読み取る働きもしているのです。ミラーニューロンは前《ぜん》頭《とう》前《ぜん》野《や》の外側後部にあるミラーニューロン系の最高中枢で、意味のある言葉を出す運動性言語野に相当します。お母さんの顔を見てうれしいという報酬系が働くようになると、結果を予測して待つようになるのです。

動き出す

活動する
楽しさを知る

家族としての意識が芽生える

食卓に一緒に座る

指を1本ずつ動かす

物への興味が増す

おすわり期
6～9か月

好きな毛布ができる

肌触りのよさを知る

ストローを使う

力加減や
予測力をつける

アバババあそび

積極的な発声を引き出す

赤ちゃんが喃語《なんご》を話すようになったら、アバババあそびをはじめます。まず、赤ちゃんが声を出したら、**お母さんもまねをして同じ声**を出します。赤ちゃんがそのまねをしたら、お母さんがお手本で口を手の平で軽く叩いて「アババ」となるのを見せます。次に赤ちゃんの手をお母さんの口に持っていって叩かせ、「アー」が「アババ」になることを教えます。**口の形をよく見せながら**発声を「イー」や「ウー」に変えていくと、赤ちゃんはお母さんの口の形と音をまねして、**正しい発声**を覚えるようになります。

赤ちゃん自身が声を出しながら、まねをするくらい、何回もくり返してあそびましょう。

脳教室 同じ発音をするための訓練

赤ちゃんが、声を出しはじめたときから訓練をはじめます。「アー」や「ウー」という喃語をしゃべり出したら、お母さんがその声をまねしながら、口を軽く叩いて「ーババ」と受けます。だんだん自分の口でまねをするように促します。これは、声と手を連動させて、音をくり返し出せるようにするための訓練です。

見るトレーニング……2

集中力を養い、「読む」基礎をつくる

この頃になると視界も広くなり、見ることもずいぶんうまくなっています。いよいよ見る練習も最終段階、物のある方へ**頭を動かして見る**ことを覚えさせます。まず、赤ちゃんが興味を持ちそうな物を目の前で見せ、それを赤ちゃんが頭を動かさなければ見えない、視野の端に移動します。赤ちゃんが目を離さず、頭を動かしながらその動きを見続けられるように気をつけながら、**上下左右や斜め上・斜め下**など、赤ちゃんが見える視野全体に対象物を移動させます。この練習をくり返すことで、頭を動かして見ることや、見続けることで集中力を身につけることができるのです。

最初はゆっくり動かし、少しずつスピードを速くして、素早い動きにも対応できるように練習させましょう。

脳教室

両目で注視ができると字が読める

視野の中に入った物体を、頭を動かして注視します。注視とは目を動かさないで両目で物を見て、網膜《もうまく》の中心部に線を結ぶ見方のこと。この網膜の中心部は、目の中で一番細かく物体が見える場所で、注視ができると小さい字が読めるようになります。だいたい生後4か月までに注視ができるようになるので、物を動かす向きや速さを変えて、トレーニングしましょう。

ストロー飲みトレーニング

計画性を養う複雑な作業

赤ちゃんには、胎児のときから吸う反射、『**吸啜反射**《きゅうてつ》』があるので、生まれてすぐにおっぱいを吸うことができます。コップから直接飲むようになる前に、ストローで飲む練習をしましょう。ストローで飲むということは、自分で「**どれだけ飲むか**」「**どれくらいの力で吸ったら、どれくらい口に入ってくるか**」を覚えなければできない、**複雑な作業**です。赤ちゃんに持たせても危なくないストローで、どんどん吸う練習をさせましょう。

吸啜反射は、生後1～2か月で徐々に弱くなっていきます。生後すぐは、お母さんが口にストローをくわえさせ、ストローに慣れさせておく必要があります。

脳教室

吸啜反射ではストロー飲みはできない

「吸う」のを自分の意思で行なう運動です。おっぱいを吸啜《きゅうてつ》反射で飲んでいるだけでは、ストロー飲みはできません。吸う量を自分で決めて、ストローの吸い口を舌で押さえ、ふさがなければならないからです。赤ちゃんにとっては、難しい動作なのです。透明のストローを使うと、液体が口の中に入ってくるのが見えて覚えやすいでしょう。

指のごあいさつ

指先を器用に使う基礎をつくる

おすわりができるようになると、これまで以上に**手を使ったあそび**に興味をしめします。この時期に親指と4本の指を独立して動かすことを教えましょう。親指と他の4本の指を順につけるプレシジョングリップ（精密把握）の訓練です。お母さんが指を1本ずつ曲げて赤ちゃんに見せ、赤ちゃんにまねをさせます。同時に、「これは親指」などと、**指の名前**を言いながら親指に触って、名称も同時に覚えさせると、**運動野や言語野**などを総合して刺激できます。

慣れるまでは曲げる指に、お母さんが触ってあげると、指が曲げやすくなります。

脳教室

両手を同じように訓練する

指を1本ずつ独立して動かせることが、手を上手に使う基本です。まず、手の甲を上にしてなか指を動かさないで、他の指を外側にひろげる運動（外転《がいてん》）をします。それができたら手の平を前に向け、親指の先を他の指先に順にくっつけます（対向運動）。この運動が片手でできるようになったら、両手でも訓練しましょう。

おむつ体操……2

進んで学習をするための基礎をつくる

体の反射行動を利用して、合図をきっかけに運動することを訓練しましょう。おむつを外したときに、「1」と声をかけながら赤ちゃんの太ももを軽くつねり、次に「2」の声かけと同時に足の裏を押します。足をつねると赤ちゃんは刺激による『**屈曲反射**《くっきょく》』によって足を曲げ、足の裏を押すと筋肉が急に伸ばされたときに起きる『**伸張反射**《しんちょう》』によって、**足を伸ばし**ます。足の屈伸ができたら「よくできたね」と声をかけて、体中をさすってほめてあげましょう。これを左右の足で同じ回数、おむつがえのときに練習します。

「1《いち》」と言いながら、太ももを軽くつねる⇒赤ちゃんが足を縮める。

POINT

うまく訓練するには

❶はじめる前に「これからおむつ体操をはじめるよ」と声をかける。❷必ず合図となる声かけをする。❸刺激した方の足しか屈伸しないので、両足とも同じ回数の刺激を与えて訓練する。❹上手に屈伸ができたら、たくさんほめてあげる。この訓練を毎日くり返すと、声かけと反射を学習して、声かけをするだけで屈伸する反応ができるようになります。

脳教室

自発性を促すオペラント条件づけ

この体操をするときは、必ず「1」「2」と声かけをします。この声かけと屈伸運動をくり返し関連づけて練習することで、しだいに声かけだけで屈伸運動をするようになります。この行動は『オペラント条件づけ』と呼ばれ、きっかけを与えて行動をさせ、できたらほめることをくり返すことで、自発的に学習するようになります。

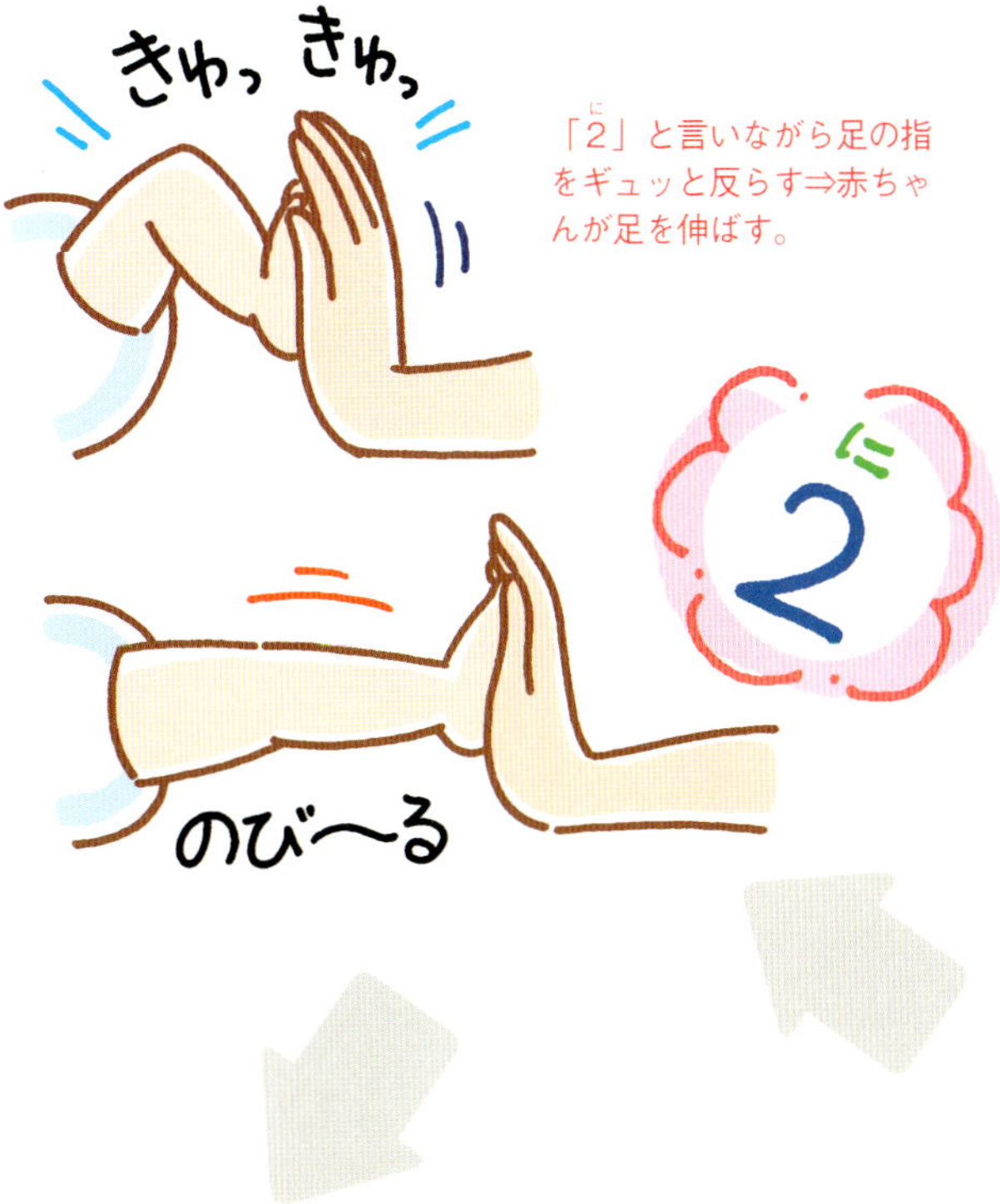

「2《に》」と言いながら足の指をギュッと反らす⇒赤ちゃんが足を伸ばす。

最後に声をかけながら、体をさすってあげる。

つまむトレーニング

運動能力と前頭前野を鍛える

ボールをギュッと握れる（パワーグリップ）ようになり、親指と他の指先を1本ずつつける（プレシジョングリップ）ことができるようになったら、**指で道具を使う**基本、2本の指でつまむ訓練をはじめましょう。お母さんと赤ちゃんが向かい合うと、**左右が逆になって混乱**するので、最初は並んで座ります。そしてお母さんが物をつまむのを、赤ちゃんに見せてまねをさせます。つまめるようになったら、自分でいろんな指を使ってつまませましょう。曲げる指を自分で決めて、指の動きを見ながら物をつまむと、運動野だけでなく、物事を決定するために働く、**前頭前野《ぜんとうぜんや》の10野**が働きます。どの指を動かすのかなどを含め、ゆっくり考えさせながら訓練しましょう。

最初は曲げる指を軽く押して、動かすきっかけを与えてあげましょう。

脳教室

意志決定と実行のトレーニング

自分の意思で指を使うとき、脳の10野という場所が働きます。前頭前野の中でも、この10野は人間にしかない脳の領域で、人間を人間たらしめている重要な場所です。自分の意思が生まれてから、物を考える46野と実際に指を動かす運動野が働き、物をつかむという行動を起こします。自分で考えて、道具を使う作業のはじまりです。簡単なようで、実は、前頭葉《ぜんとうよう》全体がフルに働く訓練です。

顔覚え

顔を認識させ、人間の自覚を持たせる

鏡を使って、赤ちゃんに**自分の顔を認識**させます。まず、**赤ちゃんと鏡の前に並んで座り**、鏡に映った赤ちゃんに向かって、お母さんが自分の目を指さして「め」、鼻を指さして「はな」というように、顔のパーツとその名称を教えます。赤ちゃんがお母さんのまねをして、目や鼻を指させるようになったら、「めはどこですか?」と言って、赤ちゃんの目を指さすように働きかけます。これは、鏡に映った**自分の顔を認識**することと、それを構成している目や鼻という名前を覚える訓練です。

鏡の前で並ぶと、お母さんの顔も赤ちゃん自身の顔も見ながら訓練できます。

脳教室

鏡に映った自分と本当の自分を区別させる

赤ちゃんとお母さんは、並んで鏡に向かいます。お母さんが鏡に映った赤ちゃんの目を指さし、赤ちゃんが鏡に映った自分の目をさすように促します。それができたら、隣に座った赤ちゃんの目を指さして、赤ちゃんに自分の目を指さすようにさせます。何度もくり返して、鏡に映った自分と本当の自分の区別をつけさせましょう。それができたら「○○ちゃんの目」と言って、鏡に映った目を指さし、次に本当の目を指さします。くり返しているうちに、言葉をかけるだけで鏡と自分を区別して指させるようになります。

「ねこの目」あそび

学習がつまった目のマッサージ

お母さんが赤ちゃんと向き合いながら、「上がり目、下がり目、ちっちゃな目。くるっと回って、ね〜この目」と**歌いながら**、人さし指で目じりを上げ下げします。赤ちゃんにとって、**垂れ目やつり目**など、歌に合わせてお母さんの顔つきが変わっていくのは、おもしろいことでしょう。ふたりで鏡の前に座って、どんな顔に変わるかを見るのも、まねの練習になります。表情をつくる**筋肉を鍛える練習**、また、目の周りが痛くならないように、**指の力を加減する練習**になります。

目じりを上に引っ張りあげる。

目じりを下に引きさげる。

POINT

爪を切ってから

赤ちゃんは、まだ目標のポイントに指をスッと持っていくことができません。このあそびは指で目の周辺を触るので、万が一、指が目に入っても危険がないように、はじめる前に赤ちゃんの爪を切っておきましょう。赤ちゃんの爪は思っているよりも伸びるのが早いので、こまめにチェックしてあげましょう。爪切りのときは、後ろから抱っこしながら切ってあげると、肌の触れ合いもあって、赤ちゃんが怖がりません。

目じりを内側に寄せる。

目じりに円を描くように
指を回して「ねこの目」。

脳教室

指・目・瞼の動かし方を覚える

『顔覚え』で顔の認識ができてから行なうメソッドです。言葉をかけながら目を上に上げたり、下げたり、くるっと回したりします。両手の人さし指を目じりにおいて、目の動きに合わせて瞼も上げ下げします。はじめて目を回すときは難しいので、赤ちゃんと顔を合わせて、ゆっくり動かしてあげましょう。指で動かせるようになったら、次は目、そして瞼という順に動かし方を覚えさせていきます。

三原色あそび

色彩感覚を磨く

赤ちゃんに色を教える場合、はっきりした色、**青・緑・赤**の「**光の三原色**」からはじめます。まず、青・緑・赤の積み木を用意して、積み木を見せながら「これは赤よ」と言って、**色と名称を覚えさせます**。お母さんが色の名称を言って、その色の積み木を手に取るようになったら、2つの色の違った積み木を見せて、「赤はどっち?」「どっちの色が好き?」と、あそびにしていきましょう。また、日本では「緑」を「青」と呼ぶことも教えなければいけません。信号を例にして教えるようにしましょう。

積み木や色紙を見せながら、「これは赤。リンゴと同じ色ですね」と声をかけ、色と名称が一致するように教えます。

脳教室 はじめは「光の三原色」

色には青・緑・赤の「光の三原色」があり、網膜にはこれらの色を生じます。見る物体の色は「色の三原色（印刷の三原色）」で、シアン（青緑）・マゼンタ（赤）・イエロー（黄）です。「色の三原色」を混ぜると黒になります。まず、赤ちゃんに教えるのは、「光の三原色」です。青・緑・赤の積み木であそばせましょう。それから、黄色やピンク、オレンジなどいろんな色を覚えさせます。交通信号では緑を青ということは、特別に教えなければなりません。

ノーパンあそび

正しいはいはいへの早道

全身を使ってあそべるようになったら、おむつを外してあそぶ時間をつくってあげましょう。**身軽になる**ことで動きやすくなり、**速い動作**ができるようになります。また、足の運びなども動いているうちに自分で学習するので、**正しいはいはい・歩き方**を身につけることにもつながります。まだ、おしっこやうんちの時間が不規則だったり、おむつを外すのが心配なときは、**トレーニングパンツ**をはかせてもいいでしょう。

身軽な姿でぞんぶんにあそばせてあげましょう。

脳教室

自由に動ける機会を増やす

赤ちゃんが衣服をつけるのは、保温とケガ予防のためですが、赤ちゃんにとっては身動きがとりにくいもの。おむつがえのときに、「ノーパン」スタイルで、思う存分体を動かせるようにしてあげます。この後のはいはいのために、膝頭の皮膚を強くしましょう。異物が刺さってケガをしないように、部屋の中はきれいにしておくこと。また、お風呂の中では、アルキメデスの原理が働き、手足や体が押しのけた水の重さだけ軽くなり、手足を振り回す運動が強くできます。

転び方のトレーニング

おすわり転倒の危険を避ける防御動作

おすわりができるようになったばかりの赤ちゃんは、姿勢を充分保つための**筋力が不足**しているうえ、バランスがうまくとれないため、なかなか安定して座れません。疲れたときに、上手にゴロンと横になれるような転び方を覚えさせます。これは頭が横に傾いたときに、傾いた方の手が反射的にパッと開いて体を支える、**『迷路反射』**（52ページ）**を応用**した動作です。安心しておすわりができるようになったら、赤ちゃんの毎日の生活が一変するでしょう。

赤ちゃんを座らせて、手の平をパーにして床につかせてから、ひじの内側を軽く叩く。

脳教室

「加速」に対するすばやい反射を身につける

転倒したときに、怪我をしないことが大切です。直進加速、回転加速に対し、迷路反射を出す訓練をくり返し練習して、速くできるようになったら、実際に転倒させます。目の前に障害物があったら、それを避けるように加減します。早く転んだり、ゆっくり転んだり、反射の出方を加減させるのです。また、この練習は、転倒するときに、すばやく周りを見る余裕が必要になります。反射の練習をくり返ししくり返し練習し、転倒防止のための修正ができるようにしましょう。

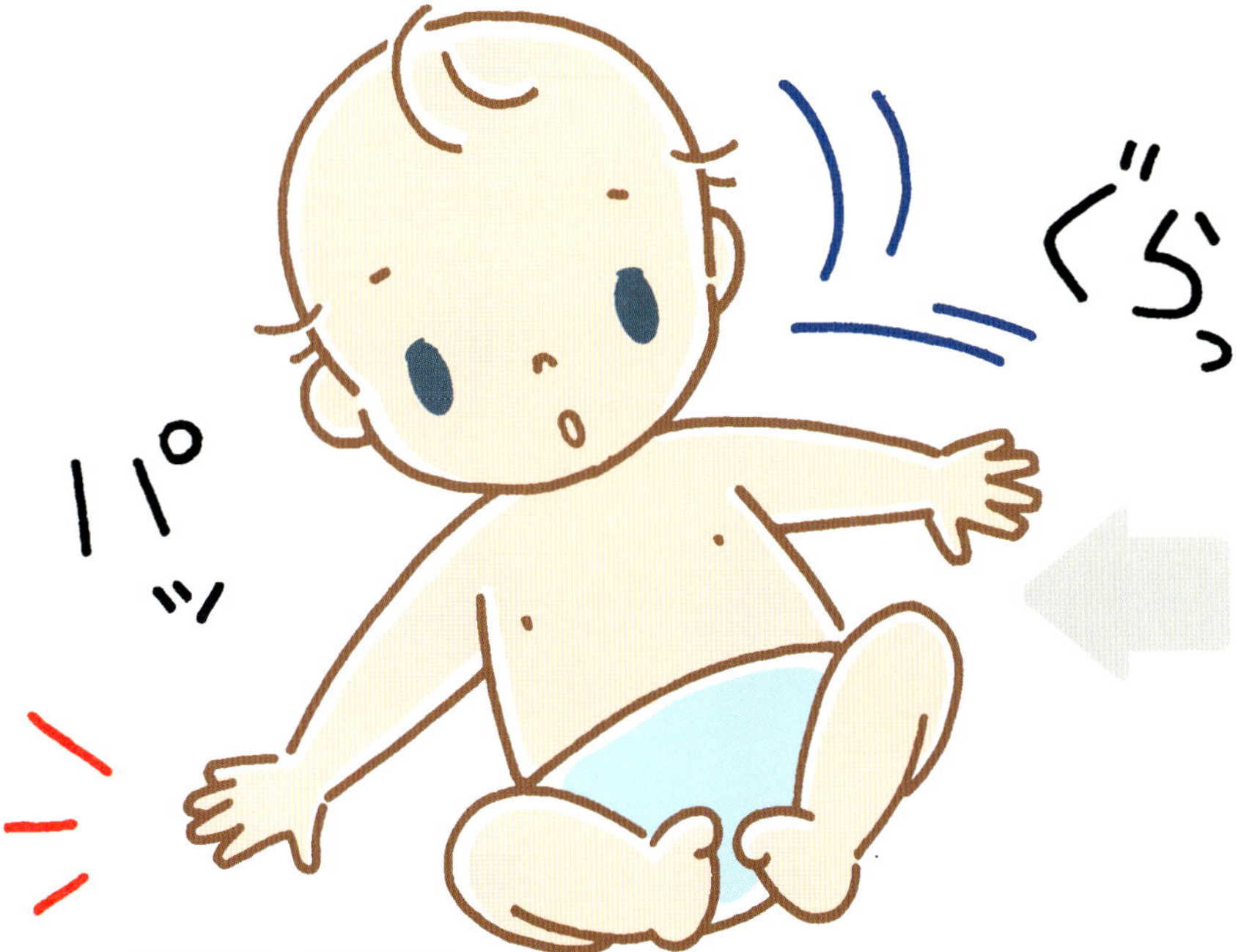

ひじが曲がって上体が倒れかけたときに、指をパッと開いて体を支えられるように練習させる。

POINT

安定したおすわり

この時期の赤ちゃんは、まだ座るための筋肉が発達していません。ですから、おすわりをした後、横に倒れて、自分で足を動かして仰向けやうつぶせの姿勢になれるようにしましょう。何も訓練していないと頭の重みで前かがみになり、そのまま頭が床についた姿勢になり、首を痛めてしまうことがあります。

どっち？ こっち？

覚えることで、脳の回転を速くする

首すわり期の「いない・いない・ばあ……2」ができるようになったら、**ワーキングメモリー訓練の最終段階**です。お母さんの両方の手の平を上に向け、片方の手の平にアメやおもちゃなど、小さな物を置いて、赤ちゃんに見せます。赤ちゃんがちゃんと見たのを確認したら手を握り、「どっちにある？」と声をかけ、赤ちゃんに指をささせます。**最初はじっくり**と見せて覚えさせますが、慣れてきたら見せる時間を少しずつ短くしていきます。**短時間で覚える**ということは、それだけ脳の働きも速くなるということ。速く反応することを覚えることが、脳を鍛えることになります。焦らず何度もくり返しましょう。

片方の手にアメやおもちゃなどを持ち、赤ちゃんに見せる。

目の前で、両手をグー に握って、物を隠す。

脳教室

はじめは、「隠して」「見せる」を繰り返す

この「どっち? こっち?」は、赤ちゃんにとっては難しいあそびです。手掛かりのおもちゃが全く見えなくなるからです。右と左の2つの場所のどちらかに隠されるので、顔の一部が見えている「いない・いない・ばあ」より難しいのです。はじめは、赤ちゃんは当てることができません。ですから、少しの間だけ隠し、すぐに見せてあげてください。徐々に隠す時間を長くし、20秒隠しても、どっちにあるかを覚えられるように練習していきます。

どっちにあるかを当てさせる。

さらに、ワーキングメモリーを強化する方法

POINT

「どっちあそび」が間違えずにできるようになったら、次は握った両手を体の後ろに回し、赤ちゃんに見えないようにして握ったアメを持ち替えて前に出して、「どっちだ？」と聞きます。赤ちゃんがちゃんとワーキングメモリーを働かせていたら、最初に持っていた手を指さします。このように、当たりはずれを体験させることも必要となってきます。練習によって、行動の変化に対応しやすく、複雑な反応がしやすくなります。

2本足で立つ
人間らしくなる

言葉を話す
意思を持つ

観察する
前頭前野を使う

はいはい期
10〜12か月

おいしいを体験する

人生の喜びを知る

はいはいをする

自発性が芽ばえる

はいはいのトレーニング
自発的活動のはじまり

はいはいは、手足をついた四つんばいの動きのため、運動としては軽視されがちです。が、自分の力で**体を支えて動く**、体の動きに対応して**視線や焦点を調整**する、直進加速に対応して**体勢を保つ**など、さまざまな脳の働きを同時に必要とする、**とても高度な動き**です。ですから、はいはいを歩く前の準備段階と位置づけないで、ひざ頭がすりむけるほどさせましょう。斜行したり、後退したり、どんなはいはいでも、自発的に動けば気にすることはありません。

慣れてきたら、ふとんを重ねてデコボコの坂をつくって、その上をはいはいさせましょう。

脳教室
いろんな動きをマスターさせる

四つんばいでの前進は、2足移動をうまくする前段階の訓練です。広い場所を使って、はいはいをさせましょう。水平な床だけでなく、柔らかいマットなどで坂道をつくって、上り下りする練習もさせてください。速い移動、後方への移動練習も大切です。それができたら、左回りや右回りなど、グルグル回る練習もさせましょう。

もぐもぐ・ごっくん・あーん

食べる基礎を身につける

噛んで、砕いて、飲み込むという動作は、教えなければできるようになりません。初期の離乳食でほとんど噛む必要がありませんが、この一連の動作をしっかりやらせましょう。まず、お母さんが、赤ちゃんに口元をよく見せながら、**お手本を見せます**。次に、赤ちゃんの口に離乳食を入れますが、このとき、味を感じる「**味蕾**《みらい》」のある舌先に乗せましょう。そして、赤ちゃんの口の動きに合わせながら「**もぐもぐ**」と言い、「**ごっくん**」と声をかけて飲み込ませ、最後に必ず「**あーん**」と言って舌を出させて口の中が空なのを確認します。

もぐもぐ・ごっくんしたら、必ず最後に「あーん」をさせる。このとき、口を開け、舌を出させるのがポイントです。お母さんがお手本を見せて、それをまねさせてください。

脳教室

食べ物を見て、味わうことを覚えさせる

まず、食べ物を見せて何を食べるのかを理解させます。口を開けて、舌の上（前方）に食べ物を乗せ、口を閉じて噛む動作をくり返します。味わうことを覚えさせ、最後に飲み込ませます。ときどき飲み物が欲しいかを聞きます。「ごっくん」の合図は食べ物が噛み砕かれたのを確認してから言いましょう。

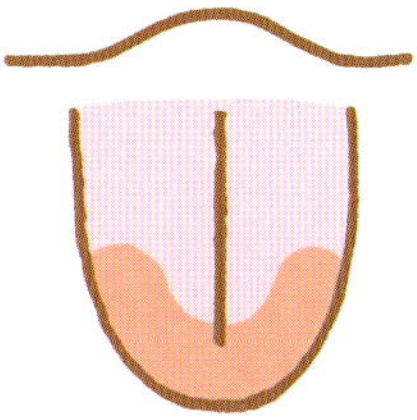

味蕾のある場所

スプーンを持つトレーニング

指先を使うことで、より高度な脳刺激を促す

前頭前野

離乳食がはじまったら、スプーンを持つ訓練をはじめます。スプーンを上手に使えるようになることは、指を器用に使って道具を使いこなす基礎となります。この時期に指の使い方を覚えさせましょう。お母さんが**人さし指・なか指・親指**の3本でスプーンの柄を持って赤ちゃんに見せ、赤ちゃんに**まねをさせます**。おすわり期の『つまむトレーニング』（70ページ）のときに、3本で練習しておくと、覚えが早くなります。スプーンをうまく持てるようになると、**おはしの上達**もグンと早くなります。ジュースや白湯を、自分ですくって飲むように促しましょう。

グーで握って持つと、指の訓練になりません。必ず3本の指でつまんで持たせるようにしましょう。

脳教室

前頭前野が働く3本持ち

スプーンという道具の使用は、精密把握のはじまりです。親指と人さし指、なか指で持たせるようにしましょう。スプーンをグーで握って食べるときは、食べ物を見て視覚中枢《ちゅうすう》が働き、前《ぜん》頭前野《とうぜんや》が働く大まかな運動になります。が、3本の指でスプーンを持つと、視覚中枢と前頭前野の働きに加え、運動前野、運動野が働く細かい運動になり、より前頭前野を働かせるようになります。

0歳

言葉なおし

効率的に言葉を覚える

赤ちゃん言葉はかわいいものですが、そのまま使い続けるともう1度正しい言葉を覚えなければなりません。ですから、この時期、お母さんは、**赤ちゃん言葉は使わない**ようにしましょう。赤ちゃんに声かけをするときはもちろん、お話をするときも、必ず**正しい日本語**を使います。赤ちゃんが「オンモ」と言ったら、「おそとに行きたいの？」と言い換えてあげると、会話をしながら正しい言葉も覚えていきます。そのときに、口元を見せながら、ゆっくりと発音すると、言葉の覚えが早くなります。

お母さんが話しているときに、口元を触らせて、口の動きを感じさせるのも効果的です。

脳教室

赤ちゃんに無駄なことをさせない

常に正しい日本語を使いましょう。赤ちゃん言葉、幼児言葉を覚えたあとで、新しい言葉を覚え直すことは無駄です。赤ちゃんの顔を見て、大きな声で話すようにしましょう。また、赤ちゃんは、話せないだけで言葉はちゃんと理解しています。悪口や親同士のケンカなどは、赤ちゃんの前ではしてはいけません。分からないからいいだろうという考えは間違いです。

足ふみ体操

正しく歩く、足裏感覚を磨く

人間は歩くときに、まず地面にかかとをつけて、体重を後ろから前に移動させ、最後につま先で地面を蹴ります。この一連の動作を正しくするためには、**かかとから着地**し、**足の裏をしっかりと地面につけ**て、地面を蹴り上げるときに**ボール（拇指《ぼし》球《きゅう》）をしっかり踏みつける**ことが重要です。この時期に正しい足裏感覚をつけてあげましょう。赤ちゃんの足の甲を上から手で押しつけ、次に押さえていた手の力を抜いて足を上げさせます。1日に左右5回ずつ行ないます。

足の甲を手で押さえる。

赤ちゃんを、テーブルにつかまり立ちさせる。

脳教室

正しい足裏の着地・蹴りを覚える

人が歩くときには、まず下肢の下腿三頭筋《かたいさんとうきん》と前脛骨筋《ぜんけいこつきん》が働いてかかとが地面につき、次いでボール（拇指球《ぼしきゅう》）がつき、親指が外側に開いた状態で、下腿三頭筋その他が働いて、地面を蹴ります。蹴るときに、親指が大切な働きをしています。この着地と蹴りができるように、両足とも鍛えなければなりません。

手の力を緩めると、赤ちゃんは足を持ち上げようとする。このとき、ボールがしっかり床につくようにする。

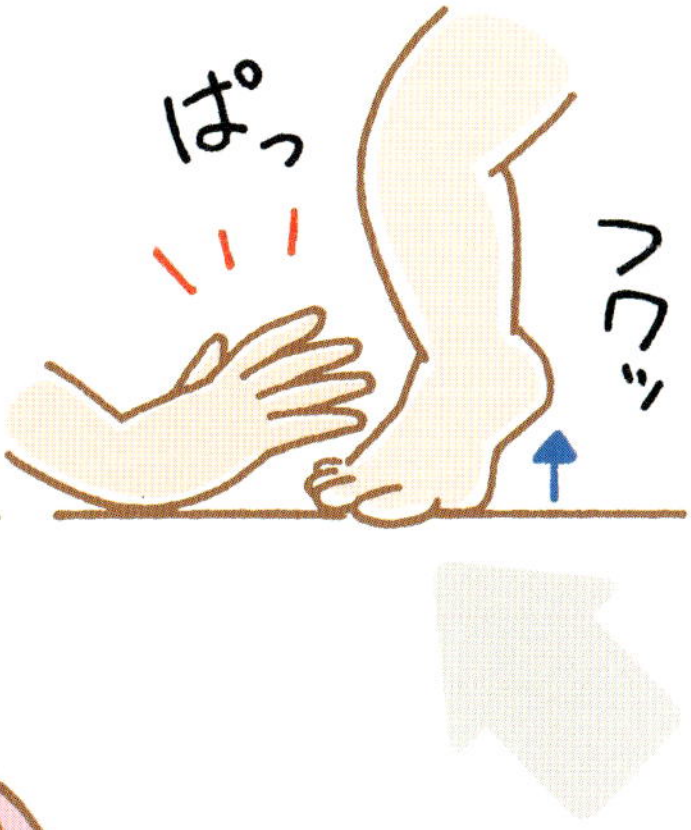

歩けるようになったら

❶ひざを曲げて、足を前に振り出す。❷ひざを伸ばして、かかとから地面につける。❸体重を前方に移動させるのと連動して、かかと→土踏まずあたりに圧力が移動する。❹ボール（拇指球）の部分に力が集まる。❺最後に親指で蹴って、足を前に振り出す。この一連の動きを意識しながら、足裏を意識したトレーニングをさせましょう。

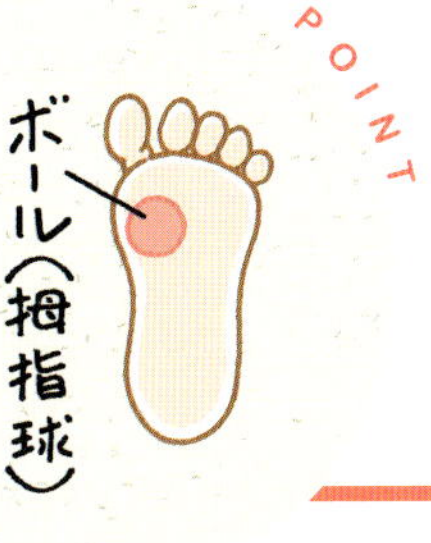

おもちゃあそび

「好き」なものを、「記憶」する

たくさんのおもちゃの中から、赤ちゃんの**好きな物を選んで**あそばせる訓練です。まず、お母さんが赤ちゃんのおもちゃの中から1つを選んで、赤ちゃんの興味をひくようにあそんで見せます。お母さんと一緒にあそんでいるうちに、赤ちゃんはだんだん特定の「好き」なおもちゃを使ってあそぶようになります。好みが分かってきたら、そのおもちゃを決まった場所にしまって、「ここに置くからね」と声をかけます。赤ちゃんは、次の日もそのおもちゃであそぼうと思ったら、**その場所を覚えて**おかなければなりません。

このようにして、**ワーキングメモリーを鍛える**と同時に、**好きな物を選ぶ**という「取捨選択」の基礎を身につけさせていきましょう。

赤ちゃんは、どのおもちゃが好きかを選び、それがどこにあるかを記憶するようになります。それを選ばせるために、置き場所はきちんと決めましょう。

脳教室

置き場所を決めて、ワーキングメモリーを鍛える

あそびが選べるようになると、特定のおもちゃに集中してあそぶようになります。赤ちゃんのおもちゃは、決まった場所に並べておきます。自分であそぶおもちゃを持ってこさせ、あそび終わったら、またもとの場所へ戻しておきます。すると、赤ちゃんは、おもちゃが片づけられている場所を覚えて、あそびたいときに自分で取りに行ってあそぶようになります。このようにしてワーキングメモリーの覚えている時間を延ばします。

食事をおいしく食べる

味わうことで、前頭前野を活性化

食事で大切なのは、おいしく食べること。そのために、料理を「見て」、匂いを「かいで」、舌で「味わう」ようにしましょう。これらの感覚を刺激しながら食べると、脳がおいしいと感じ、**前頭前野《ぜんとうぜんや》が活性化**して、**積極的に物事に取り組める**ようになります。また、食事に対する意欲が薄れてきたら、「もうお腹いっぱいね」と声をかけ、食事を終わらせる練習もします。食事をやめるタイミングを覚えれば、**将来の肥満予防**にもなります。

目と鼻と舌を使って、食事をおいしく、楽しく食べさせるためには、かたい、やわらかい、つるつる、もちもちなど、いろんな食感を体験させることも必要です。

脳教室

食事の時間も大切な訓練

1日3回、食事する時間を決め、何をどの順で食べるかをあらかじめ決めておきます。また、赤ちゃんが匂いをかいで、味わって食べられるように工夫しましょう。食事を終える時間は赤ちゃんに決めさせます。おいしく楽しんで食べて、やめる時間は赤ちゃんに決めさせましょう。糖分を取りすぎて太らないように注意が必要です。徐々にスプーンを使って食べるように働きかけましょう。

男の子と女の子ってどうちがう?

好き嫌いがでてくる

２歳前後になると、男の子と女の子の行動には、少しずつ違いが出てきます。だいたい、

女の子：会話・創作活動・おしゃれ
男の子：運動・機械・闘争心

といった事柄に興味を持つ傾向があります。これは男女の遺伝子の違いによるもの。元来、お互いにこういう性質であることを知ったうえで、自分の子どもに何をさせるかを考えましょう。

教育に関しても性差が出てきはじめ、女の子はどのメソッドにも集中して取り組むのに比べ、男の子は好きなことだけやりたがる傾向が強くなります。ですから、メソッドの中にはこの年代の男の子が取り組みにくいものもあるかもしれません。でも、目的は脳を刺激してシナプスをつくり、それをつないで神経回路をつくること。ですから、できなくてもやらせることに意味があるのです。

上手にできなくても、焦ったり怒ったりする必要はありません。メソッドの出来に一喜一憂せず、その子の性質を見極めながら成長を促し、上達したらたくさんほめてあげてください。

天才脳を育てる
1歳教育

1歳は前頭前野が成長する

頭の良し悪しを決める10野

目的を決め、それを達成させる

ヒトは2本足で歩くことで脳が飛躍的に発達しました。1歳のこの時期は、まさに4足歩行から直立2足歩行へと移行する、ヒトへの進化の最終段階といえるでしょう。

ですから1歳ではまず、2本足でしっかりと立ち、歩けるようにすることに重点を置いて訓練します。足を1歩踏み出すだけで、前頭前野《ぜんとうぜんや》は強さや方向などを決定し、筋肉へと情報を伝えるために働きます。さらに歩きながら見る・聞く・触るなど、感覚を使うことで、10野（前頭極《ぜんとうきょく》）を刺激するため、この時期の脳の発達に大きな影響を与えます。

また、歩くことによって背筋を伸ばした姿勢を安定して長時間、保つことができるようになると、座る姿勢も安定するため、両手を使って作業ができるようになります。この時期から、自分の手を使ってものをつくり、それを使ってあそぶ習慣をつけることで、自分が欲しいものをつくることができることや、手順を考えることを覚えます。

何かをするための手段として足や手を使うということを、楽しく、ていねいに教えていきましょう。

はいはいから2足歩行に

散歩でいろんなことを覚えて、考える!

手と道具を使う

考えて、つくって、完成させる!

歩くことでかしこくなる

思考と記憶、行動がつながる

手を使うための第1歩

人間は2足歩行によって、他の動物と比べて、格段に脳が大きくなりました。それは、2本足で歩いたり、走ったりすることで、他の4足動物が捕らえた小動物を横取りして食べたからです。脳が大きくなり、筋肉が強くなり、アフリカ大陸を走りまわれるようになったからです。そして両手が自由に使えるようになり、ものを創造するようになったからです。

この「歩く」「走る」行為だけでも、脳を鍛えなければなりません。足を1歩踏み出すとき、その足をどの方向に、どれくらいの力で、どれくらいの幅で、いつ出すかは前頭葉《ぜんとうよう》にある前頭前野《ぜんとうぜんや》が考えて判断し、決定しています。

その決定した情報は補足運動野《ほそくうんどうや》を経由して、運動野へと送られて、実際に足の筋肉の運動になります。補足運動野とは、くり返し運動によって働くようになる場所ですが、「足を動かそう」という意思もここで発生することが、最近分かってきました。

また、何度か歩いたり、見たり、聞いたり、触って得た情報は、知識として脳の後ろの方（頭頂葉《とうちょうよう》・側頭《そくとう》葉《よう》・後頭葉《こうとうよう》）に蓄積されます。そして、同じ道を移動するときにその知識が、運動前野を経て運動野へと伝えられます。この運動前野は知識と運動の連合（シナプス結合）をつくっているところで、運動を速く、うまく、スムーズにするために働きます。

やっと歩けるようになった1歳児は、人類の進化の最終段階にたどり着いたところ。この時期はたくさん外を歩いて、いろんな経験をすることが、脳の発達、とくに前頭前野を鍛えるために必要なのです。

歩くと脳が喜ぶシステム

脳が決定しないと、歩けない！

VTAシステム

楽しい！ おもしろい！

楽しいことをしていると、
脳内では報酬系が働いて「快感」が生まれます。
この快感がごほうびとなって、やる気が起こります。
これをVTAシステムといいます。

感覚を刺激

ものを見る、嗅ぐ、触る、聞くなど、体全体で感じたことは、すべて情報として脳の後ろの方に蓄積され、知識となります。

正しく歩く

記憶力UP

鳥やネコ、自動車など、実物を見ながら名前を教えることで、そのものと名前を関連づけて覚えていきます。

言語を覚える

「白い犬のいる家」「いい匂いのするパン屋さん」など、歩きながら目印をつくり、自分なりに地理を覚えていきます。

足の裏でしっかり歩く

正しいフォームが集中力を育てる!

正しい歩き方とは、かかとから着地して足の裏をしっかりと地面につけて、地面を蹴り上げるときに、**ボール（拇指球《ぼしきゅう》）でしっかり地面を踏みつけること**。歩きはじめの赤ちゃんはよちよち歩きしかできません。赤ちゃんの足の裏を見てください。**扁平で、土踏まずがないので、歩き方はよちよち（ベタ足）歩きになるのです**。歩くことをくり返していくうちに、正しい歩き方ができるようになります。変なクセがつかないよう、常にかかとから着地し、ボールで地面を蹴る、正しい歩き方をさせるように心がけましょう。正しい歩き方を身につけると、姿勢がよくなり、きちんと座れるようになり、集中力が持続するようになります。

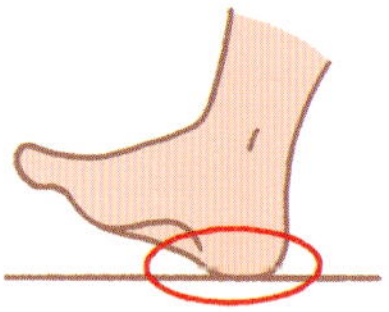

かかとから着地

ひざを曲げて足を前に振り出し、ひざを伸ばしてかかとから着地するように注意しましょう。

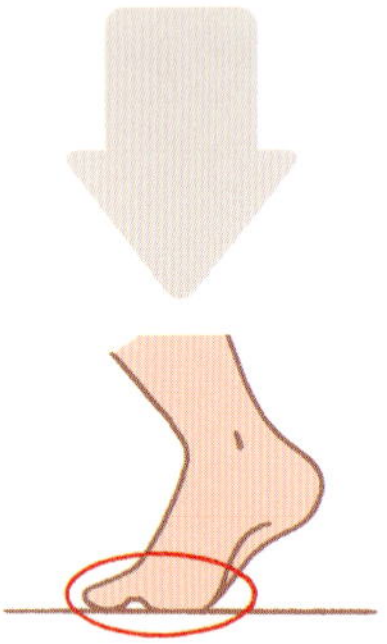

ボールで地面を蹴る

体重をかかとから徐々に前に移動させ、ボールと親指をしっかりと地面につけて、強く蹴る準備をします。

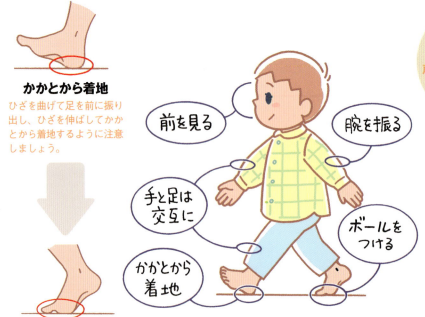

足踏み体操でトレーニング

上手に歩くために、足踏み体操で正しい足裏感覚を覚えさせましょう。かかとをべったりと床につけた状態から足踏みをはじめ、かかとが浮いたときにボールがしっかりと床につくようにするのがポイントです。お母さんが足の甲に手を添えて、正しい動きをサポートしながら、左右同じ回数練習しましょう。

脳教室

歩くことで土踏まずができる

正しく歩くためには、正しく立てなければなりません。両足のかかととボールと親指の裏が床につきます。両手は伸びて、顔は正面を向いています。歩いたことのない赤ちゃんは皮下脂肪が多く、土踏まずはありませんから、足の裏がべったり床につきます（ベタ足）。歩く練習をくり返すと土踏まずができてきます。

かかとを上げた時は、ボールだけが床につくように、足の甲を押さえる手の力を加減しながら、ていねいに訓練しましょう。

POINT

赤ちゃんの足の裏

ボールとは拇《ぼ》指《し》球《きゅう》といわれる場所のこと。足踏み体操は、ここを意識して練習しましょう。この指の付け根をぐるっと測った数値を足囲（ウィズ）といいます。くつを選ぶときに必要になるので、測っておきましょう。歩き慣れていない赤ちゃんには、まだ土踏まずはありません。土踏まずができるように、たくさん歩かせましょう。

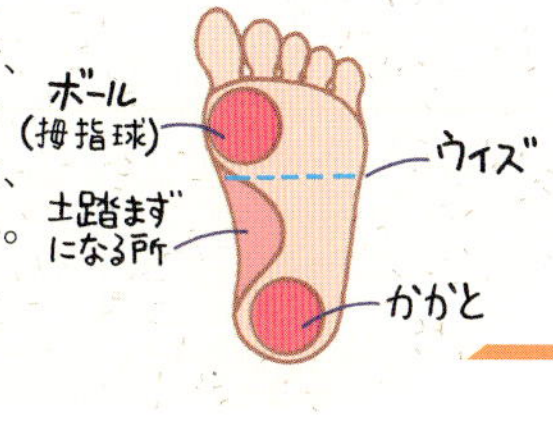

散歩の準備

行動前の声かけで、前頭前野の発達を促す

出かけるときには必ず、「公園に行こうか」「散歩に行きますよ」と赤ちゃんの顔を見ながら声をかけます。一緒に出かけるということは、**赤ちゃんとお母さんの共同作業です**。強制するのではなく、「お母さんは行きたいな」と赤ちゃんの顔を見ながら気持ちを伝え、赤ちゃんの反応を見ます。赤ちゃんが行きたがる時に一緒に行きましょう。ここで大切なのは、**お互いの気持ちを大切にすること**。赤ちゃんを行く気持ちにさせて出かけます。赤ちゃんが行きたくなるような、興味をひく声かけをしましょう。

脳教室

声かけをして44野を働かせる

外出するときは、くつ下をはいてくつをはきます。目の前に左右のくつ下とくつを並べて、赤ちゃんが順番にとってひとりではけるように練習しましょう。顔を見て、お互いが声かけするのは、相手の心を読むためです。これから歩くことを示すような顔つきをして、お互いに共感すると、右の前頭《ぜんとう》前野《ぜんや》の44野が働きます。

気分が乗らないときは

赤ちゃんの好きなお菓子やおもちゃを使って、行きたい気持ちになるような声かけをしましょう。また、イヤがっていても外に出たら気分が変わることもあります。様子を見ながら、臨機応変に対処して楽しく散歩に出かけましょう。

散歩は共同作業です。出かける前に必ず声かけをして、赤ちゃんの反応を見ましょう。

POINT

自発的な行動を促す、オペラント条件づけ

パブロフの犬のように、食事の前に必ずベルを鳴らしていると、ベルの音を聞いただけで食事の時間だとわかることを「オペラント条件づけ」といいます。くり返し合図と行動をセットで行なうことで、自発的な行動を促すものです。散歩という言葉を聞くだけで、自主的に準備ができるようになります。

目的地まで歩く

目的を達成する喜びを教える

まず目的地を決めます。特別な用事がない場合、子どもがたくさんいて楽しくあそべる公園がいいでしょう。行き先を決めたら、目的地まで歩く訓練の開始です。注意点は、

1 手を振って歩かせる
2 赤ちゃんが安全に歩くのを助ける
3 車道側にお母さんが立つ
4 赤ちゃんには前を向かせる
5 お互いに歩調を合わせる
6 周囲に注意を向けながら歩く
7 歩きやすい服装にする

の7つです。まだよちよちとしか歩けない赤ちゃんは、歩けるだけ歩かせてから、抱っこやおんぶをして連れて行きます。目的地に着いたら、「よくがんばったね」とほめてあげましょう。歩くときは、赤ちゃんがしっかり手を振って歩けるように、**手首をヒモで結ぶリストバンドか腰ヒモ**をつけましょう。

脳教室

声かけでリズミカルに歩く

目的地を伝えて歩きはじめます。赤ちゃんが覚えていなくてもかまいません。目的地に着いたら、「目的地に着いたよ」と赤ちゃんの顔を見て言い、反応を確認します。正面を見て歩かせるのがポイント。一緒に歩くのは、赤ちゃんのペースに合わせての共同作業です。うまくリズムに乗れるようだったら、「イチ、ニッ」の声かけを。

ベビーカーを上手に使って

まだどれくらい歩けるか分からない赤ちゃんと歩くときは、ベビーカーを押して行きましょう。赤ちゃんが元気な間は一緒に押して歩かせ、疲れたら乗せて移動できるので安心です。ベビーカーに乗せたときにも、目的地に行くまでに見えるものについて、絶えず声かけをしていきましょう。

ベビーカーを押しながら歩かせるときにもリストバンドで結ぶと便利です。

赤ちゃんが疲れたら、無理をさせずにベビーカーに乗せましょう。「散歩は楽しく」が原則です。

くつ選びはとても重要

❶足の大きさに合う
❷親指が自由に動く
❸ウィズ(指の付け根の外周)をホールド
❹かかとが固定されている

これらをチェックして選びます。また、外を歩きはじめたら、くつ底チェックも大切です。両足とも同じように、偏りなく減っていたら正しい歩き方をしています。もし偏りがあったら、足踏み体操の回数を増やして、正しい足裏感覚を覚えさせましょう。この時期にクセを早く見つけて直すことも、お母さんの大切な仕事です。

POINT

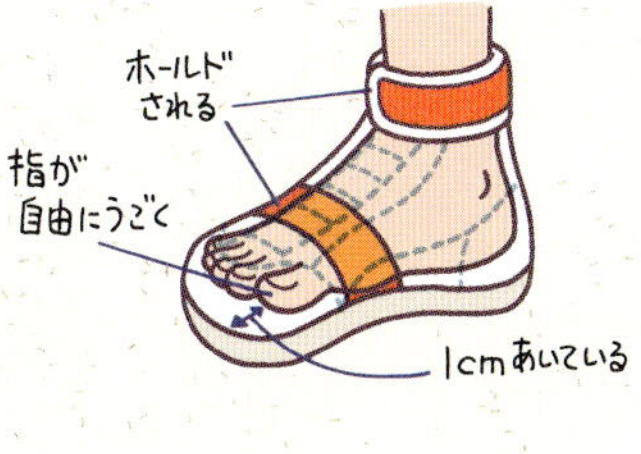

信号を渡る
安全のためのルールを覚える

散歩は交通ルールを教えるいいチャンスです。とくに信号の意味は、歩きはじめのこの時期に教えるようにしましょう。信号に近づいたら、まず赤ちゃんに「あれは信号よ」と声をかけ、**信号を認識させます**。さらに色によって「赤は止まるよ」「青は行きましょう」「黄色は注意してね」などと声かけをして、**信号の色とその意味を教えていきます**。歩くのが上手になってきて、少し余裕が出てきたら、待っている間に、

- **赤・黄・青の3種類がある**
- **黄色の次は赤になるから注意する**
- **ランプは緑色をしているけれど、信号のときは青と呼ぶ**
- **赤から青に変わったらすぐに足を出す**

ことを教え、徐々に信号について理解させながら目的地に行くようにしましょう。

脳教室
必ず説明する

赤、黄、青の3色があること、それぞれの色のときに何をするかを説明します。はじめは分からないでしょうが、説明は必ずします。赤では止まることを、青では進むことを教えます。進むときは、早く足を出すように練習します。どの足を出すかは赤ちゃんが決めます。足を出すのも止まるのも前頭前野《ぜんとうぜんや》の働きです。渡るときの左右確認はお母さんが必ず行います。

歩行者信号には赤と青があること、赤は止まる・青は進むということを、色と言葉で教えましょう。

禁止を覚えさせる

「赤だから止まる」ということを理解するのは、赤ちゃんには難しいこと。最初は、家の中で使っている禁止の言葉を使って、歩くのをやめさせることが必要です。「ダメッ」と言って禁止しているなら、赤信号で歩き続けようとしたときに、「ダメッ」と声をかけて止まることを覚えさせましょう。

地図覚え

周囲に注意を向けさせる

歩いているときに、赤ちゃんに「あれは何かな？」と声かけをして、**自分の周囲に注意を向けさせるようにしましょう**。お母さんの声かけによって、**赤ちゃんは目や耳、鼻、その他の感覚を使って観察**し、それを伝えようと発音することで、脳を一生懸命働かせます。また、この声かけは、公園に行くまでの環境を知り、歩くために必要な知識を覚えることにもつながります。目印になるような建物や植物、動物や置き物など、赤ちゃんが分かりやすいものを見つけさせ、徐々に覚えさせるようにしましょう。家に帰ったら、地図をかいて会話をしながら思い出させることをしましょう。

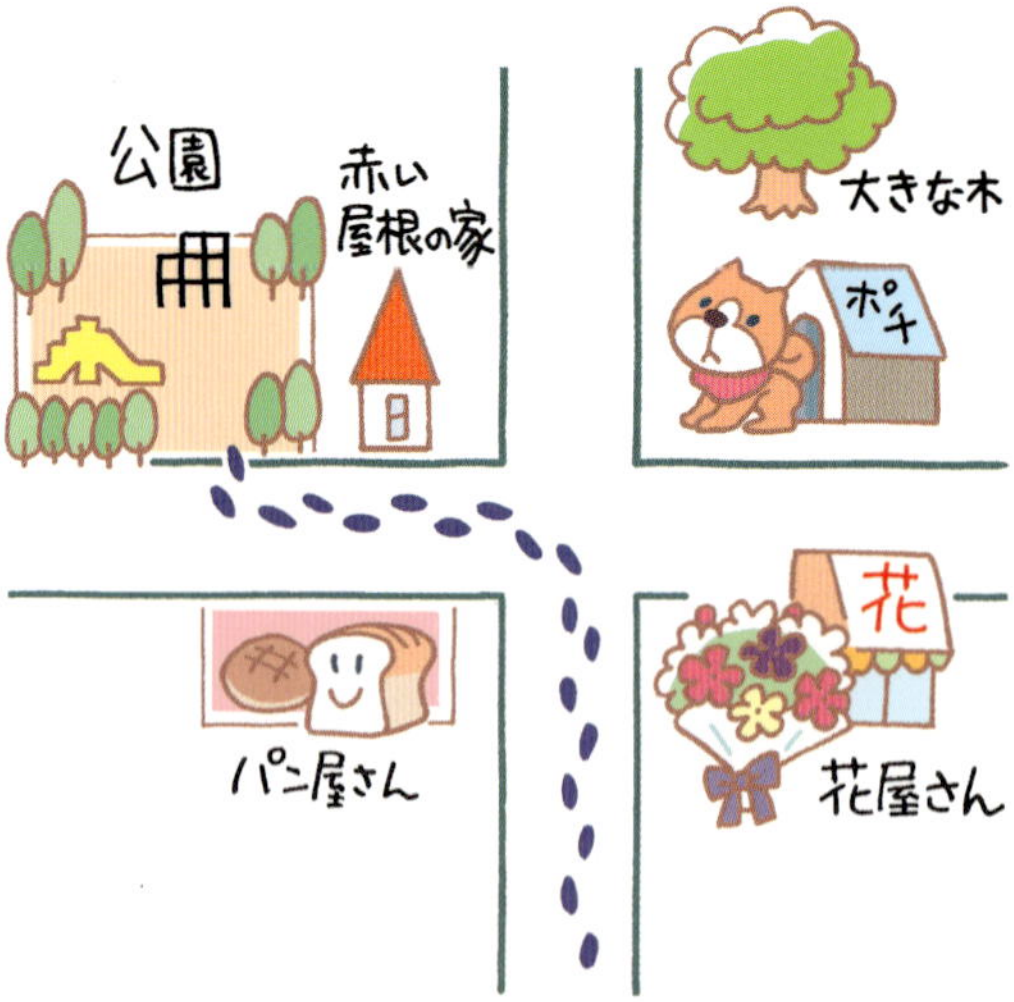

脳教室

思い出すことで確実な記憶にする

歩きながら、どこに何があるか教えます。指をさして、「あれはパン屋さん」と、はじめは固有名詞だけ。あとで「パン屋さん見た？」と聞いて、思い出させます。歩いた時の記憶は、ワーキングメモリー（46野）として保存され、帰ってきたときに、エピソード記憶となって側頭葉《そくとうよう》に保存され、経験記憶になります。赤ちゃんの頭の中に地図をつくるのは、確実な知識（経験記憶）にするためです。

数かぞえ
1と2を教える

散歩中には、いろんな数に出あいます。**まず、1と2を覚えることからはじめます。**車の台数や電線にとまっている鳥の数などを、声に出して一緒に数える習慣をつけましょう。また、歩く時も、「いち、に、いち、に……」と数えながら、実際に数を体験させて数字を覚えていくようにしましょう。ある程度数えられるようになってきたら、次は目的地を決めて、**「さん、に、いち」と逆に数えて、「ゼロ」で到着**するようにします。これをくり返して、赤ちゃんにゼロ＝何もないということ（ゼロの概念）を教えましょう。

歩くときも、ただ歩くだけでなく、「いち、に、いち、に」と足の動きに合わせて、数を数えるようにします。

脳教室
教える数は1つずつ増やす

目的地まで歩いているときに「1、2」を使いながら、自分で数が分かるようにします。脳の研究でチンパンジーは、数える数を1つずつ増やしていくと覚えやすいということが分かってきました。1つ、2つの違いが分かってきたら、数に加えて、順序の違い（1番、2番）も教えます。そして止まるときに0と覚えさせます。これが分かったら3、4、5……と数を1つずつ増やしていきます。

まっすぐ速く歩く

積極的に前頭前野を働かせる

歩きはじめのこの時期は、まだバランスや歩幅が安定していません。充分に外歩きをさせるためには、まっすぐに歩くトレーニングが必要です。**前頭前野《ぜんとうぜんや》で距離や幅、方向を決定する**など、いろいろなことを考えないとまっすぐ歩くことはできません。最初はお母さんがお手本を見せ、次に一緒に歩かせます。端まで行ったら、Uターンをして同じようにまっすぐ歩いてもとに戻りましょう。このとき、お母さんは、

- **前を見て歩く**
- **かかとから地面につけてボール（拇指球《ぼしきゅう》）で地面を蹴る**

の2点ができているか注意しましょう。慣れてきたら両手を振ったり、速く歩くことも教えます。さらに横歩きや後ろ歩きなどもさせていきます。

家の中でも、楽しく練習しましょう

幅の広いリボンやヒモ、畳のへりを目印にして練習しましょう。目印を踏みながら歩くので、赤ちゃんにとってはあそび感覚でトレーニングできます。正しい歩き方をしているかチェックしながら、行ったり来たりをくり返し練習させましょう。

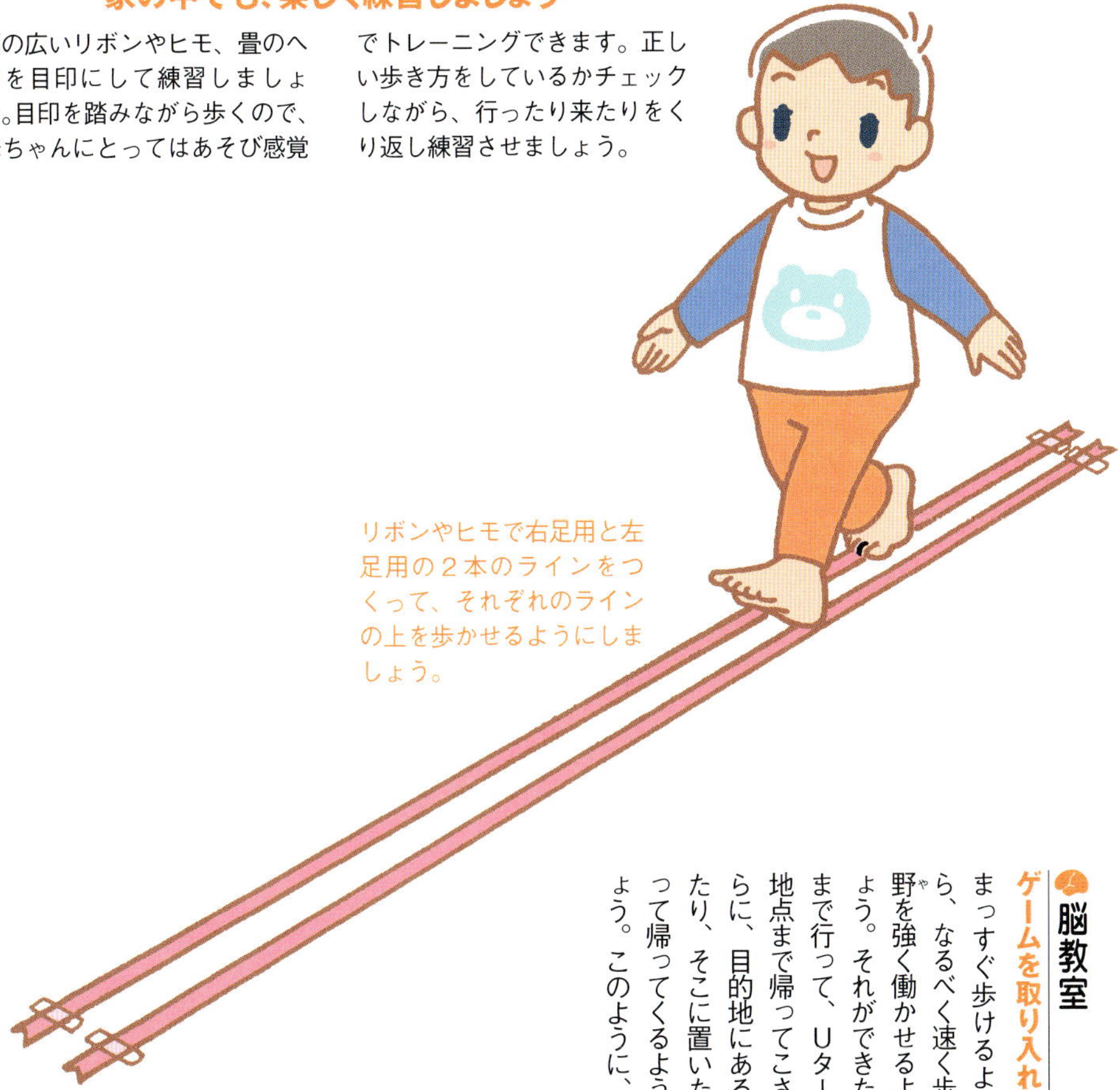

リボンやヒモで右足用と左足用の２本のラインをつくって、それぞれのラインの上を歩かせるようにしましょう。

脳教室

ゲームを取り入れ、10野を働かせる

まっすぐ歩けるようになったら、なるべく速く歩いて前頭前《ぜんとうぜん》野《や》を強く働かせるようにしましょう。それができたら、目的地まで行って、Uターンして出発地点まで帰ってこさせます。さらに、目的地にあるイスに座ったり、そこに置いたリンゴを持って帰ってくるようにさせましょう。このように、歩いている途中で別の作業をするときに、人間でしか発達しない、前頭前野の前方部分の10野（前頭極《ぜんとうきょく》）が働きます。また、歩き続ける時間が長いことは、勉強やあそびを集中してできることを意味していますから、歩く距離を延ばすなど、できるだけ長時間歩けるようにしていきましょう。

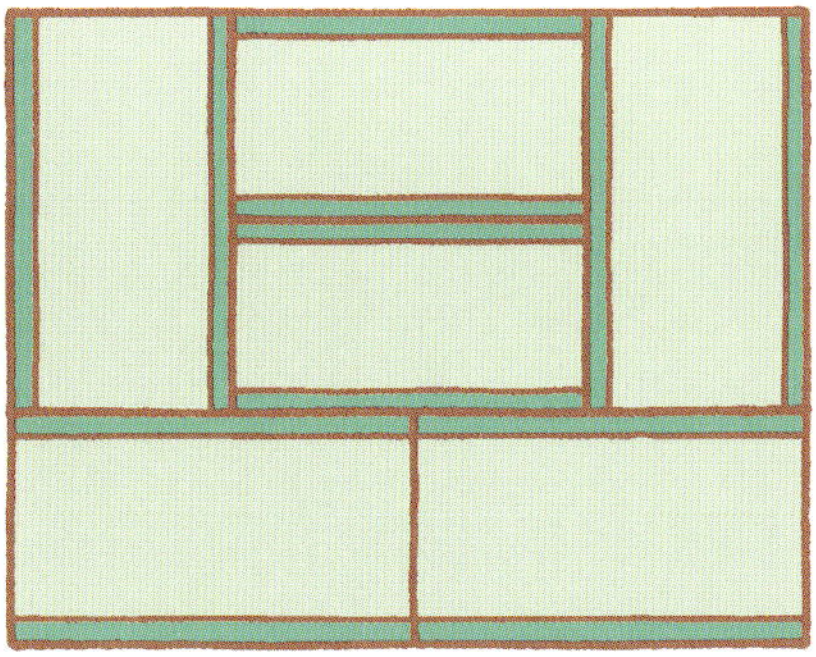

畳のへりはまっすぐ以外に、直角にまがる練習もできます。上達に合わせて使い分けましょう。

まるく歩く

ひとり歩きの準備

公園のような広い場所に行ったら、まるく歩く練習をしましょう。最初はお母さんと一緒に、大きくまるく歩きます。出発点を決めて、遊具などの周りを歩くことで、ぐるっとまわって、**同じところに戻ってくる、ということを教えます**。まるく歩くことが理解できたら、地面に円をかいて、その上をひとりで歩けるようにしていきます。視線と体の動きが一体となって、きれいにまるく歩けるようにしましょう。**最初は大きな丸をまわり、だんだん小さな丸にしていきます**。時計方向に回ったら次は逆まわりをし、上手にまるく歩けるようになったら、中心に向かって渦巻きを描きながら歩かせましょう。

脳教室

左右の手足の緊張をコントロール

直立2足歩行が大人のようにできるのは、3〜4歳ごろです。それまでの赤ちゃんの歩きは訓練です。左右の手足の緊張具合の違いで、まるく歩くことができます。まるく歩けるようになったら、1周目、2周目といった数の概念、丸の大小の意味も教えながら歩かせます。

階段のぼり

つま先で歩く練習

あまり意識していませんが、私たちは階段をのぼり下りするとき、つま先だけで歩いています。**まだしっかりと歩けない赤ちゃんにはつま先歩きは危険**なので、駅やお店など、人の流れがあるところでは必ず抱っこしてあげましょう。公園などの段数が少ない階段や、幅が広い階段をのぼるときは、平地と同じような感覚で歩けるように、**斜めにジグザグと歩くルートを通る**ように促します。この時期の赤ちゃんには、無理に階段をのぼらせるよりも、どこでも常に正しい歩き方をさせるように心がけましょう。

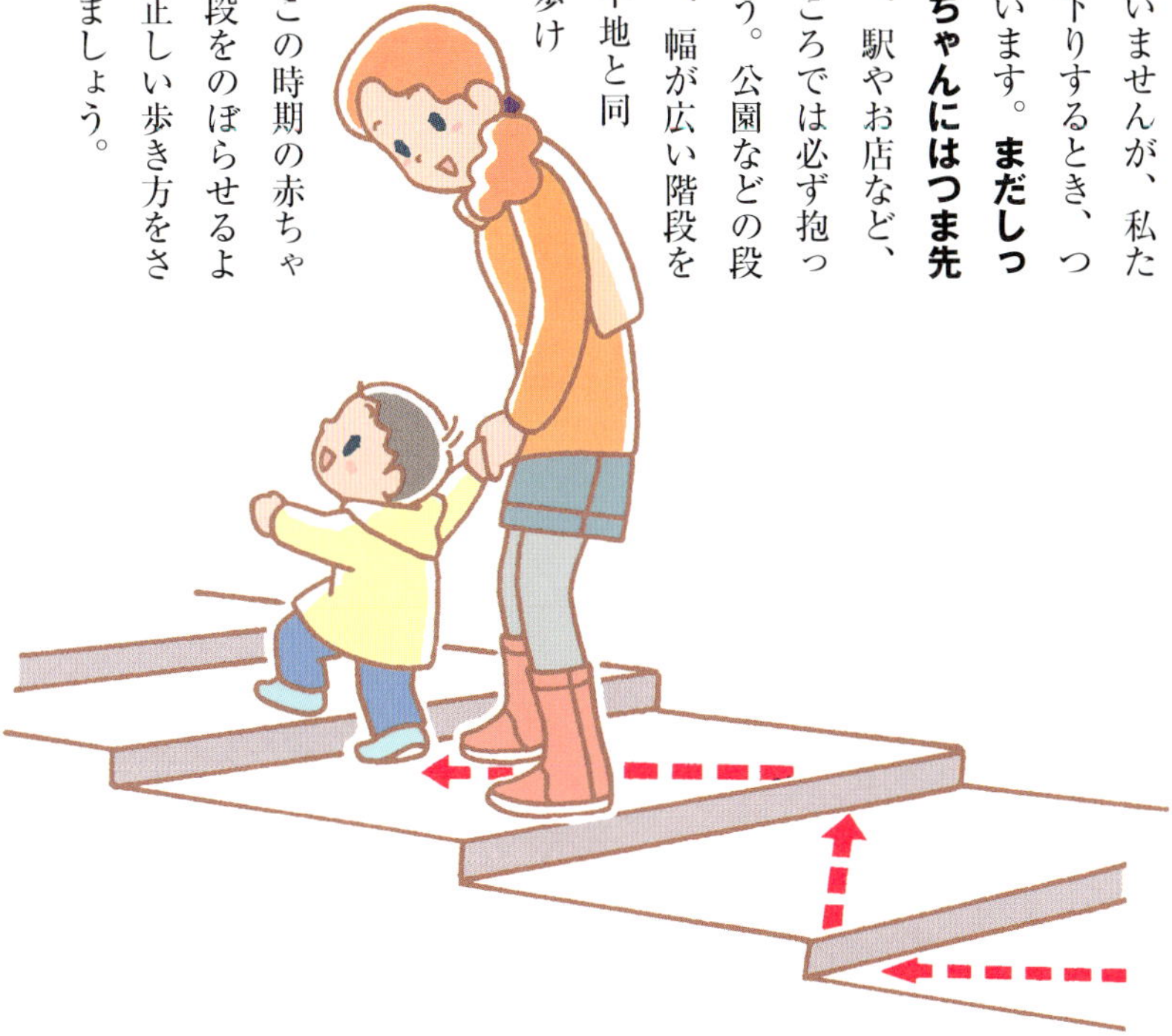

正しい歩き方をしながら階段がのぼれるようなルート選びをしてあげましょう。

脳教室

いろんな歩き方を訓練する

階段は、かかとをつける正しい歩きをするのが困難で、つま先歩きになります。これはサルやかかとのない4足動物の歩き方です。体の重心がへそより上になり不安定です。つま先歩きは、正しく歩けるようになるまでおあずけです。坂道は、勾配があっても正しく歩けますから、歩かせるようにしましょう。

ブランコ・すべり台
迷路反射を鍛える遊具あそび

ブランコやすべり台は、**迷路反射を鍛えるのに最適な遊具**なので、この時期から積極的にあそばせるようにしましょう。迷路とは耳の奥にある三半《さんはん》規管《きかん》や耳石器《じせきき》のある場所の名称。前後左右の頭の移動に対して、体がうまく対応できるように働くので、**迷路を鍛えることで正しく歩けるようになり、転びにくくなります**。この時期の赤ちゃんは、お母さんのひざの上に乗せ、怖がらない程度にブランコをゆっくりとこぐことからはじめましょう。ブランコに慣れたらすべり台へ。小さいすべり台がなければ、一緒に階段をのぼり、ひざの上に乗せてすべりましょう。

赤ちゃんが怖がらないように、手をつないだり体を押さえたりしてスピード調節をしましょう。

バランスはどこで取る?

回転に対して	三半規管《さんはんきかん》		
加速に対して	耳石器《じせきき》	垂直方向	卵形嚢《らんけいもう》
		前後方向	球形嚢《きゅうけいもう》

●頭が動いたときに、倒れたり、ものを見られなくなったりせずにいられるのは、この迷路反射によるものです。

脳教室

迷路反射ってなに?

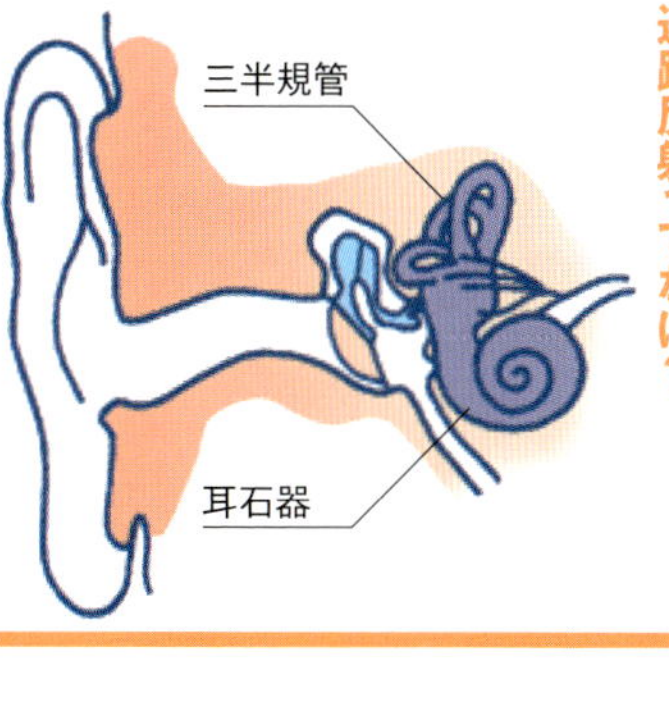

迷路反射とは、頭が動いたときに耳の奥にある迷路と呼ばれる場所にある感覚器官が刺激されることです。この迷路反射が鍛えられていないと、頭が動いたときにまっすぐ立てなかったり、物を正しく見ることができなくなります。垂直方向・前後方向・左右方向への直線運動では耳石器《じせきき》が、回転運動では三半《さんはん》規管《きかん》が刺激されます。ブランコやすべり台は、迷路反射を鍛えるのに、1歳児には最適です。

何があるかな?

感覚刺激と声かけで言語力を高める

公園に着いたら、いろんな物の名前を教えましょう。花や鳥、動物など、お母さんの目についたものや、赤ちゃんが興味を持ったものの名前を、**正しい言葉で教えます**。ここで大切なのは、**対象物を指さして、名前をきちんと教えること**。花や木などは、できるだけ近くに行って、「**これはチューリップよ。赤、黄色、いろんな色があるね**」など、名前の他にも色や匂い、触った感触など、体感させながら教えていきましょう。

まだ正しい発音ができなくても、赤ちゃんの脳には物の名前が蓄積されています。この時期から、どんな物にも名前があることを教えていきましょう。

言葉を覚え、知識を増やすチャンスです

「ワンワンがいるね」というような声かけをすると、赤ちゃんは「犬」という正しい名前を覚え直さなければなりません。「あれは犬、ワンワンって鳴いてるね」というように、まず正しい名前を教え、それから特徴をつけ加えましょう。

脳教室
男の子と女の子の違い

パッと物を見るときに、男の子は建物や車などの人工物、女の子は動物や人間や自然などに興味を持つ傾向があります。散歩をしている中で、赤ちゃんがどんな物に興味を持っているのかを知り、興味が偏らないように他のことにも目がいくように工夫をしてあげましょう。

しっかり歩けるようになったら

正しい歩き方で、フラフラせず、
まっすぐ歩けるようになったとお母さんが判断したら、
少し高度なトレーニングをはじめましょう。
つま先立ちで親指で踏ん張ったり、両足を揃えてとぶことで、
いろんな道が上手に歩けるようになります。

つま先立ち

最初はお母さんが両手を持って、つま先立ちの感覚を覚えさせましょう。親指とボールが地面にしっかりつくように注意しましょう。

赤ちゃんの好きな絵を、つま先立ちしてやっと届くところに貼ると、自発的につま先立ちをして、楽しく練習できます。

ジャンプ

低い段差や階段の上から、両足を揃えてとび下りさせます。最初はお母さんと手をつないで、かけ声に合わせてとぶことからはじめましょう。

階段よじのぼり

両手足を使って階段をのぼり下りさせます。のぼるときは手から、下りるときは足からというように、全身を使って階段に慣れさせましょう。

考える

お手本を見ながら、どうしたらその形になるか手を使いながら考える。考えながらつくることで、上手に手が使えるようになる。

手と指を使う

クリエイティブ

自分であそぶものをつくり、それを使ってあそぶ。このくり返しによって、自分の必要とする道具を自分でつくる創造力が身についていく。

順序だてる

ものをつくっているうちに、きれいに、早くつくるための手順を考えるようになる。これができるようになると、前頭前野《ぜんとうぜんや》が発達する。

紙あそび

順序だてて考える基礎をつくる

赤ちゃんに新聞紙を1枚渡して、どういうものかをじっくりと触らせましょう。ある程度あそんだら、紙を破って見せます。**片方の手で紙を持ち、もう片方を動かさないと新聞紙は破れません**。また、紙には縦と横があり、横には破けにくいという性質もあります。破き方、破く方向などをよく見せ、まねさせましょう。最初は片手で紙の端をギュッと握って、もう片方の手で引っ張って破きますが、徐々に**親指と人さし指だけでつまんで破くようにしていきます**。指先の力でできるようになったら、次は細く長く破かせ、のりやホッチキス、テープなどで貼り合わせて、長い1本のヒモをつくりましょう。つくったヒモの長さを変え、指輪や腕輪、ハチ巻きをつくります。このあそびによって順序だてて物事を考えるようになります。

脳教室

最初のあそび道具づくり

ヒモづくりで破ろうと手を操作するときに、運動野で指を動かす指令が出ます。手の平や手首を動かすより難しい作業なので、ヒトやサルで発達している、運動前野が働きます。何本かヒモができたら、お母さんがのりやテープを使って、貼り付ける作業をしてあげましょう。

新聞紙を破いて、ヒモをつくりましょう

新聞紙を縦に細く長く破ることは、赤ちゃんにとって難しい作業です。最初は端に切り目を入れ、利き手の人さし指と親指で新聞紙をつまみ、もう片方の手で新聞紙を持って、ビリッと破きます。何本かできたら、それを貼り合わせて長いヒモをつくります。途中で飽きないように、楽しく作業させましょう。

お手本を見せながら手の動きを教えましょう。慣れてきたら指先で破けるようにしていきます。

人さし指と親指をこすり合わせてつくる「こより」は、高度な指先のトレーニングです。

POINT

つくったヒモで、創作あそび

ネックレスをつくったり、長いヒモで電車ごっこをしたりしましょう。また、小さな輪とこよりをつくって、輪にこよりを通すようなあそびをすると、目と手を同時に使う訓練にもなります。

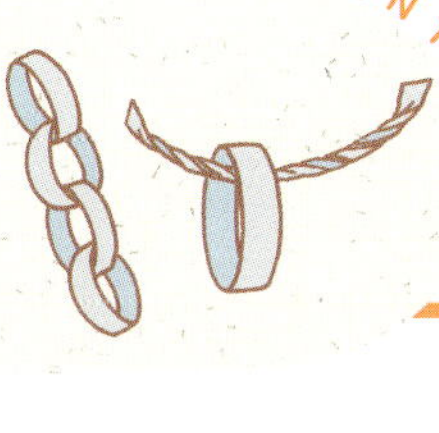

紙ボールづくり
道具をつくることを教える

新聞紙やトイレットペーパー、ティッシュペーパーでボールをつくります。まずお母さんが新聞紙を1枚、両手を使ってまるい形にしていくのを見せ、**赤ちゃんにまねをさせます**。まるい形になったら水にぬらして形を整えながら硬くし、新しい新聞紙でくるんでボールを大きくしていきましょう。この作業を何回かくり返して、赤ちゃんの手に合う大きさのボールができたら、それを使ってあそびます。何か目標物をつくって、それに向けて転がしてもいいし、ボーリングのようにしてあそんでもいいでしょう。ただものをつくるだけでなく、**つくったものを使ってあそぶことによって、役立つもの=道具をつくる**ことを教えます。

つくったボールであそびましょう

転がしたり、けとばしたりしてあそばせましょう。まるいボールができればコロコロ転がるし、デコボコしたボールだったらすぐに止まってしまいます。形が変えられるのも手づくりならでは。少しずつ形を整えながら、道具をつくる楽しさを教えましょう。

ボール転がしは、どこに、どの強さで転がすかを考えるので、前頭前野を鍛えるのに最適です。

踏み出した足にボールを当てるだけでも、歩く練習になります。転ばないように注意しましょう。

脳教室

新旧の運動野を強化

紙ボールづくりは手で握る作業が主になります。はじめは小さい紙ボールを大きくするときに、新聞紙で包んで水に浸して絞るため、強く握ります。握る運動は古い運動野（手を使うサルで発達）に指令が出ます。指を使うときは新しい運動野（指を使うチンパンジーやヒトで発達）に指令が出ます。この両方ができないと、手を器用に使うことができません。また、ボールを水でぬらして硬くするには力が必要なので、力をつける訓練にもなります。

ままごと

会話を交えて生活ルールを教える

ままごとごっこは、生活のルールを教えるあそびです。お皿や食べ物を「どうぞ」と言って出し、「いただきます」と言って食べるなど、**会話をしながらあそぶことで、相手を気づかうことやマナーなども覚えていきます**。より日常に近い状況にするため、ままごとセットは実際に使っているものと同じサイズを揃えましょう。また、いろんなものを食材に見立ててあそぶことで、創造力も磨かれます。紙や粘土など、さまざまなものでお皿を彩りましょう。いろんなものが食べられるようになったら、**本物の食材を使って、簡単なサンドイッチやおにぎりなどを一緒につくりましょう**。自分でつくったものを食べることで、どうしたらもっと上手においしくできるかなど、工夫する心も芽生えます。

「今日のおかずは何ですか?」「おいしいね」など、たくさん会話をしながらあそびましょう。

脳教室

会話をすることが大切

あいさつからはじめます。「今日のおやつは何かしら」と声をかけ、「ケーキをどうぞ」「いただきます」など、どう返事をしたらいいのかを教えましょう。食べている様子を見ながら「おいしいね」と感想を言うことも忘れずに。また、食器の並べ方や道具の使い方などのマナーも教えます。食べ終わったら「ごちそうさまでした」と言って、あとかたづけもします。

粘土で食べ物をつくってみよう

ままごとで使う食べ物を粘土でつくりましょう。最初はお母さんがつくって見せ、手の動かし方を教えます。はじめはまるいだんごをつくり、慣れてきたら「次はおにぎりをつくろう」と声かけをして、実際のものに近い形をつくるようにしていきましょう。

POINT

ままごとセットは100円ショップで本物を

ままごとで使う食器は、いつも使っているサイズのものがいいでしょう。お茶碗とお椀、お皿、フォーク、スプーン、おはしがあれば充分です。100円ショップで揃えるといいでしょう。

色紙あそび

創意工夫のきっかけづくり

色紙を使って、あそぶ道具をつくります。まず、お母さんが紙ヒコーキをつくって、それを飛ばして見せましょう。**色紙は、紙あそびの最も高度なメソッドです**。この時期から、紙を折って立体の造形物ができること、それを使ってあそぶことを教えましょう。次第に、赤ちゃんもヒコーキを折ろうとしはじめます。そういうときは2人で並んで座り、折り方を見せながら教えます。紙ヒコーキづくりは**どうしたら遠くまで飛ぶか工夫したり、つくったヒコーキで飛行距離を競争**するなど、いろんなあそび方を考えるきっかけになります。

脳教室

自分で折れるように訓練する

お母さんが折り方を見せて、楽しいと興味を持たせます。上手に折れなくてもいいので、自分で折らせるようにします。折るときは、親指と人さし指を使います。折り目を強くつけるときは親指を使います。色の3原色をはじめ、いろんな色の飛行機をつくらせ、飛距離競争などをしてあそばせましょう。

紙ヒコーキをつくってあそぼう

一番簡単にできるものを紹介します。色紙でもノートでもかまいません。赤ちゃんと一緒に折ってみましょう。紙を折ってヒコーキができること、それが飛ぶことを体験させて、ものづくりの楽しさを教えましょう。

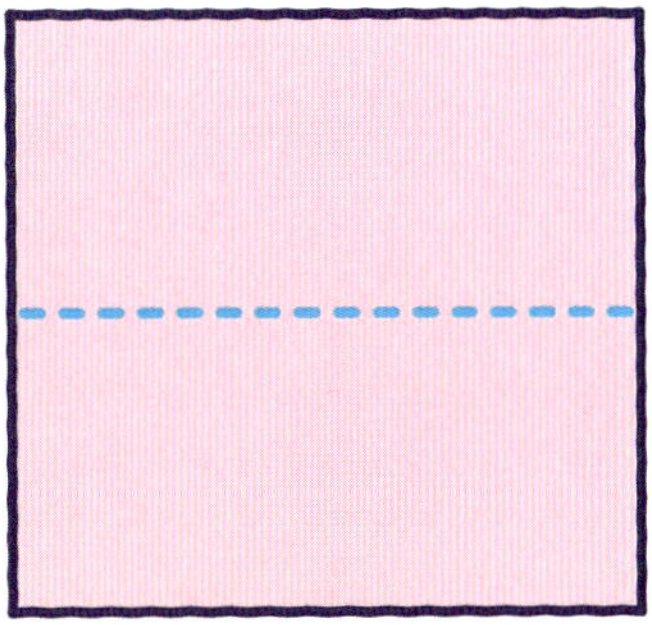

1 紙を半分に折って、折り目をつけます。

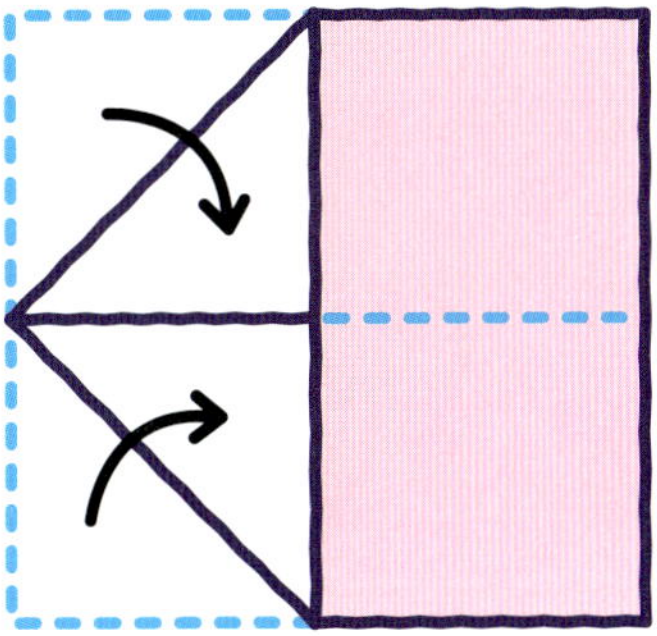

2 端を三角に折ります。

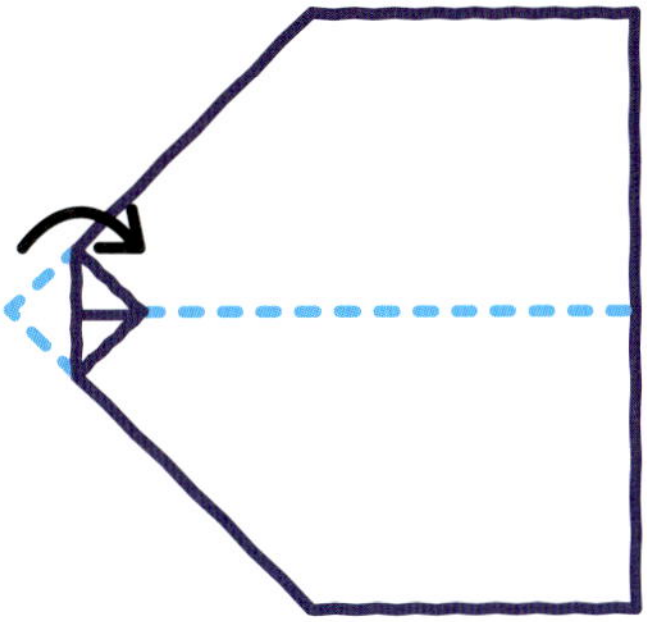

3 裏返して先を1cmくらい折ります。

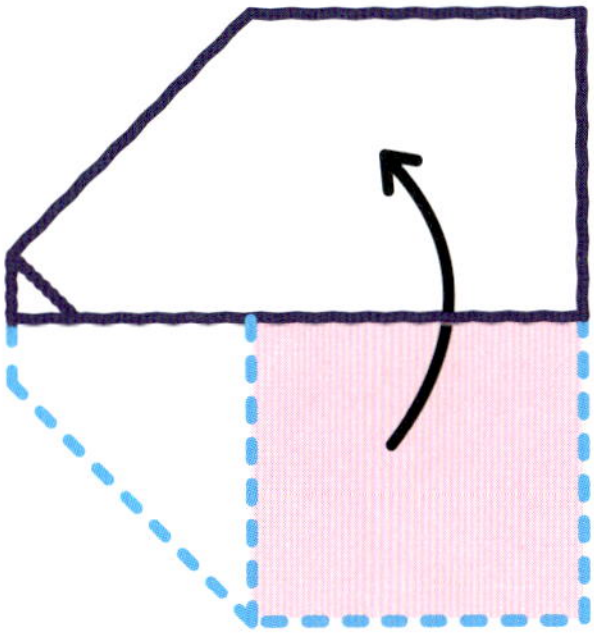

4 表に返して半分にします。

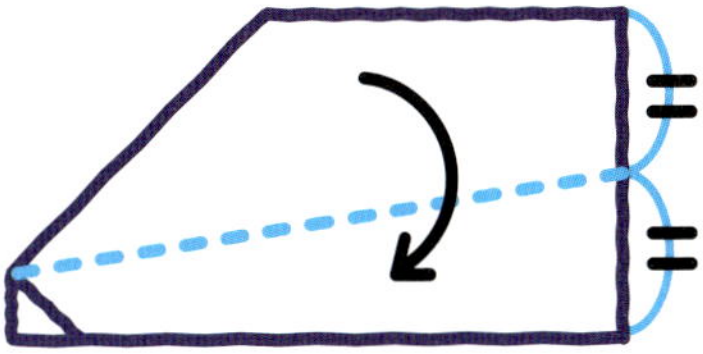

5 翼の部分を折ります。

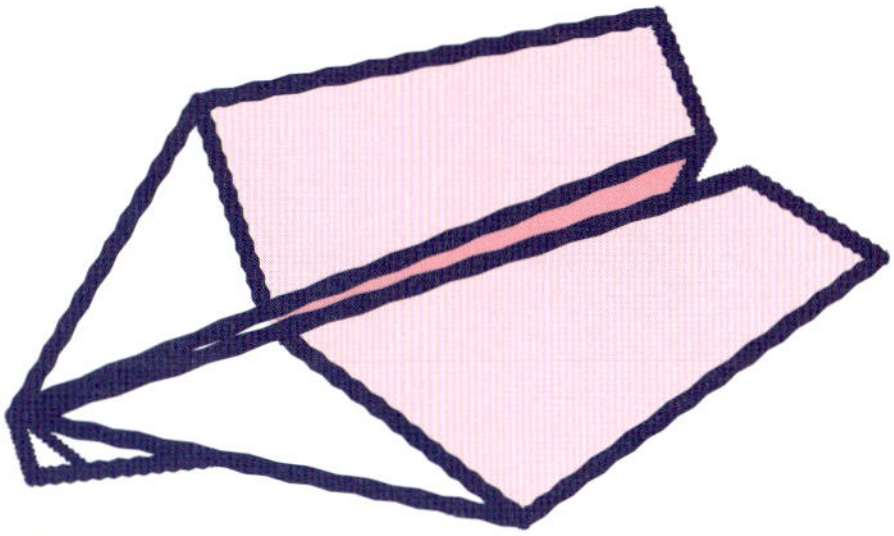

6 でき上がり。

神経衰弱

ワーキングメモリーの強化

トランプゲームの神経衰弱は、少ない枚数からはじめれば、この時期の赤ちゃんでも充分できます。カードの絵と置いてある場所を覚えることで、**ワーキングメモリーの能力を高められる**ので、ぜひあそびに取り入れましょう。最初は4枚のカードを裏返しにして、絵合わせをさせます。4枚ができるようになったら枚数を増やしたり、かるたのように速く、正確に取れるようにしていきます。速くできるということも大切にしなければならない能力（脳力）です。最初はパッと見てすぐに同じだと分かるような**大きな絵がかいてあるカード**を使うと、赤ちゃんも興味を持ちやすいでしょう。

脳教室

ワーキングメモリーを鍛える

神経衰弱は、今起こったことを次に何かするまで覚えておく、「ワーキングメモリー」を鍛えるあそびです。覚えるときに前頭前野《ぜんとうぜんや》の46野が働き、そこに記憶されます。前頭前野が働くときにはワーキングメモリーが必ず使われますから、神経衰弱ができるようになると前頭前野がよく働き、頭がよくなります。

記憶

かくれんぼ

予測力とワーキングメモリーを鍛える

今までに「いない・いない・ばあ」をしましたか？「いない・いない・いない・ばあ」は、

●**顔をかくしてもお母さんがそこにいる（ワーキングメモリー）**

●**笑顔を期待して待つ（予測）**

という2つの能力が鍛えられるあそびです。かくれんぼは、お母さんが見えないところにかくれても、自分の近くにいることを覚えていて、探すので、さらに高度で知的なあそびとなります。最初は少し探したらすぐに見つかるような場所にかくれ、少しずつ分かりにくいところにかくれるようにしましょう。赤ちゃんがかくれんぼに興味を持たなかったときは、「いない・いない・ばあ」で、顔をかくす時間を長くする練習からはじめましょう。

脳教室

物事を計画するための第1歩

そこにいた人が見えなくなっても、いたことを覚えていなければならないので、記憶は46野に保存されます。お母さんは赤ちゃんの能力に合わせた場所にかくれましょう。かくれんぼができるようになると、物事を実現するまで覚えていられるようになるので、考えたり、計画できるようになります。

にらめっこ

コミュニケーション能力を高める

赤ちゃんは人の表情から、いろんな情報を読み取ることができるようになっています。さまざまな表情を教えるためにも、にらめっこあそびをしましょう。赤ちゃんと向かい合わせに座り、「にらめっこしましょ、笑うと負けよ」と歌い、「あっぷっぷ」の合図で赤ちゃんが笑いそうな顔をして見せます。**赤ちゃんはお母さんの顔を見て、意外性を学びます**。また、**笑うと負けというルールを教える**ことで、笑わないように**我慢することも覚えていきます**。赤ちゃんの機嫌が悪いときなどに取り入れたりして、笑うことがコミュニケーションに大切であることを教えていきましょう。

脳教室

我慢によって前頭葉を鍛える

顔の表情を表わすときには、顔面筋が働きます。顔面筋は皮下にある皮膚筋です。顔面筋を動かす神経細胞は、顔の運動野から直接シナプスがついているので、微妙な表情が出せます。手の指を器用に動かせるのも直接結合があるからです。相手が笑いたくなるような顔の表情をつくる練習にもなり、反対に相手がおもしろい表情をしたときは我慢することを学習します。前《ぜん》頭葉《とうよう》（前頭前野《ぜんとうぜんや》と運動野）を鍛えるあそびです。

くらべっこ

量的な概念を身につける

くだものや野菜、いつもあそんでいる車のおもちゃやぬいぐるみなど、大きさの違うものを見せて、どっちが大きいか、比べさせます。そのためにはまず、**大小や長短、重軽など、言葉の意味や、量的な概念を教えなければなりません**。この時期の赤ちゃんにはちょっと難しいように感じますが、上手に教えれば、赤ちゃんはちゃんと理解し、覚えます。みかんを両手に1つずつ持って、「どっちの方が大きい？」など、**日常生活の中でくり返し話題に出しながら**、徐々に比較ができるようにしていきましょう。

脳教室

赤ちゃんに意思を持たせる

大小、長短、重軽など二者択一を教えるとき、赤ちゃんの欲しがるものを見せて、赤ちゃんの意思で取らせるようにしましょう。最初は大きいリンゴ片と小さいリンゴ片を見せて、どちらが大きいかを教えます。次に両方を見せて、「小さいほうをお母さんにちょうだい」と言って、赤ちゃんに選ばせましょう。大小どちらの選択も同じようにやらせます。できたら長短、重軽も同じように教えましょう。

人間関係を築く

社会性をはぐくむのが人間関係。あいさつは相手の顔をみて言葉を使うので、人として欠かせない要素です。

生活習慣

やらないを覚える

人間として必須の「ノーゴー反応」を強固にします。やってはいけないことを、自主的にやらない学習です。

おかたづけ

かたづけはおもちゃの場所を覚えるので、社会性をはぐくむ意味でも、記憶力を高めるでもとても重要です。

ルール

あいさつ

社会性を身につけ、人見知り防止にも

あいさつはお互いの顔を見ますので、人間関係を築くうえでとても大切なことです。赤ちゃんは、いつ、どんな言葉を使ったらいいかを、親から学びます。ですから、朝起きたら「**おはようございます**」、ご飯のときには「**いただきます**」「**ごちそうさまでした**」というあいさつを、必ず言うようにしましょう。また、「**ありがとう**」や「**ごめんなさい**」は相手の顔を見て言い、頭を下げることも教えます。このような言葉は、ごっこあそびの中で使いながら教えると、普段の生活でもすんなりと出てくるようになります。

脳教室

相手の心を読み取る訓練

あいさつは必ずお互いの顔を見てしましょう。今、何をしようとしているのか、相手の「心」を読み取るには、顔の表情のわずかな変化で判断しなければなりません。このとき、まねをするミラーニューロンシステムの最高中枢《ちゅうすう》である右の44野が働きます。相手の意向を知るためにも、顔を見ることが大切です。

かたづけ

記憶力強化としつけを同時に

出したおもちゃを同じ場所に戻すためには、最初にあった場所を覚えておかなければなりません。その点で、かたづけはしつけでもあり、**ワーキングメモリーを鍛えることにもなります**。効率よくかたづけをさせるためには、**おもちゃの置き場を決め**、何がどこにあるかを認識させることが大切です。おもちゃはこの場所、本は本棚と決めて、出してあそんでもとに戻すまでを1セットとして覚えさせましょう。出した場所が分からなくなったら、「本はどこだっけ？」と声をかけて思い出させ、もとに戻せたら「よくできたね」とほめてあげましょう。

脳教室

整理整頓でワーキングメモリーを強化

おもちゃであそぶとき、どのおもちゃでどうあそぶかを決めてから、自分で持ってこさせましょう。あそび終わって、もとの場所へ戻すためには、ワーキングメモリーの能力が必要です。お母さんも同じように棚を整理整頓していることを教えれば、赤ちゃんもかたづけが習慣になりやすいでしょう。

ルール

一緒に食べましょう

家族で、楽しくおいしく、正しく

食事の時間はその日にあったことを話すなど、お互いを知り合う場であることや、「いただきます」と言って食べはじめ、「ごちそうさまでした」で終えることを赤ちゃんに教えるため、できるだけ、**家族一緒に食べるようにしましょう。まずはスプーンを正しく持たせ、そして、自分で食べる**ようにしましょう。一生懸命に食べているときは、こぼしたり散らかしても叱らないように。食べるスピードが遅くなったり、あそび食べをするようになったら、やめさせましょう。これをくり返すことで、集中して食べることを覚えます。

脳教室

コミュニケーションも大切な要素

一緒に食事をすることは、食べ方の作法を教えるだけでなく、お互いのコミュニケーションをはかるのにも大切です。食器の持ち方に注意しましょう。食べ物は見てから口へ入れるようにします。利き手でスプーン、もう片方の手はお皿を持ちます。生活のリズムをつくるため、食事の時間と長さは一定にするようにしましょう。

自分で食べる

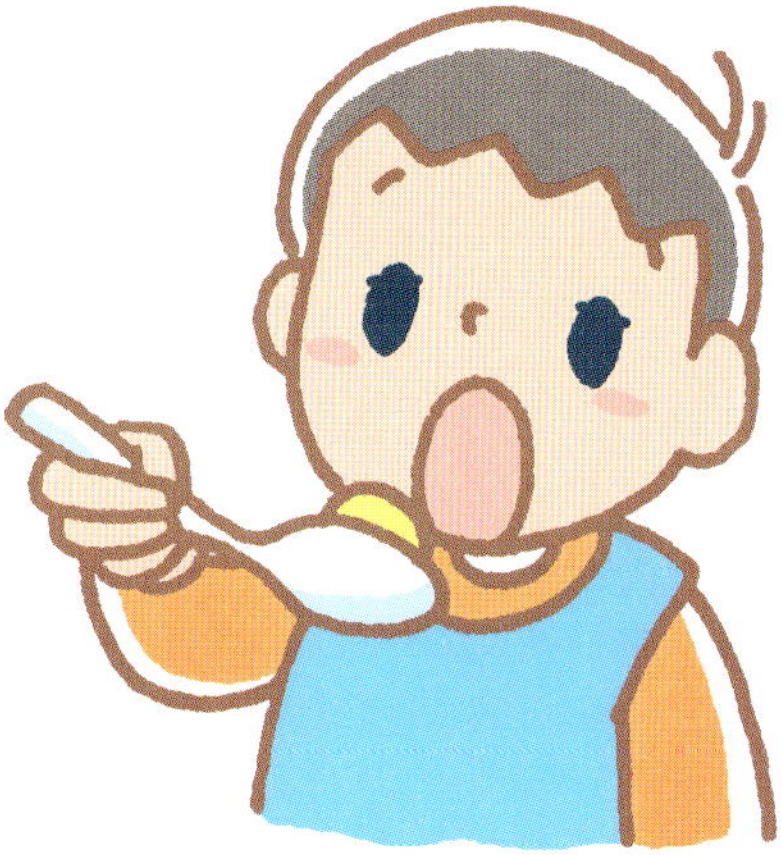

多少散らかしても、自分で食べたいという気持ちを優先して。上手に食べたらほめましょう。

スプーンは正しく持つ

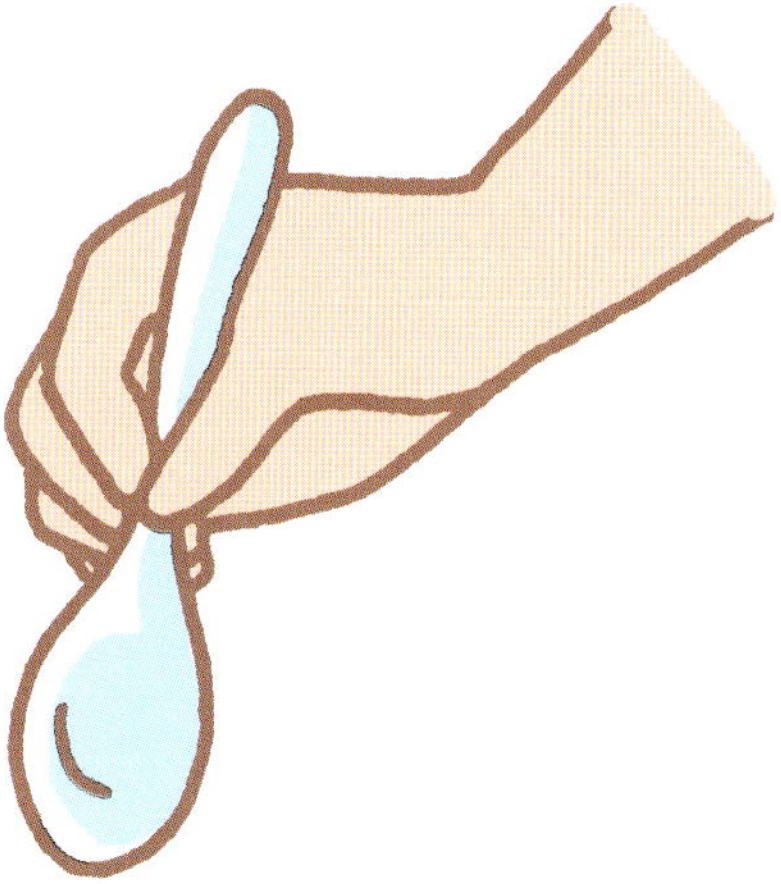

グーで握らせず、お手本を見せながら親指、人さし指、中指の３本で持たせましょう。

マナーを教える

「いただきます」「ごちそうさまでした」など、声かけをしながらマナーを教えましょう。

あそび食べをさせない

集中して食べるクセをつけるため、あそび食べをしはじめたら声かけをしてかたづけましょう。

おむつがえ

快の感覚を覚えて、積極性を持たせる

歩けるようになった赤ちゃんはとても活発で、おむつがえも大変です。このおむつがえを使って、**ノーゴー反応（しないこと）**を教えましょう。「おむつをかえるからじっとしててね」と声をかけ、赤ちゃんを寝かせます。イヤがって足をバタバタさせたら、**「ダメ」と厳しい口調で言って押さえます。ノーゴー反応を教えるのです。**太ももに手を当てて押さえ、動けないようにします。ちゃんと動かないでおむつをかえることができたら、「**気持ちよくなったね**」「**動かないでいられたね**」とほめましょう。また、ごほうびとしておむつを外してあそぶ時間をつくると、その時間を楽しみにして、じっとすることを覚えるようになります。できなかった時には、ごほうびを与える必要はありません。

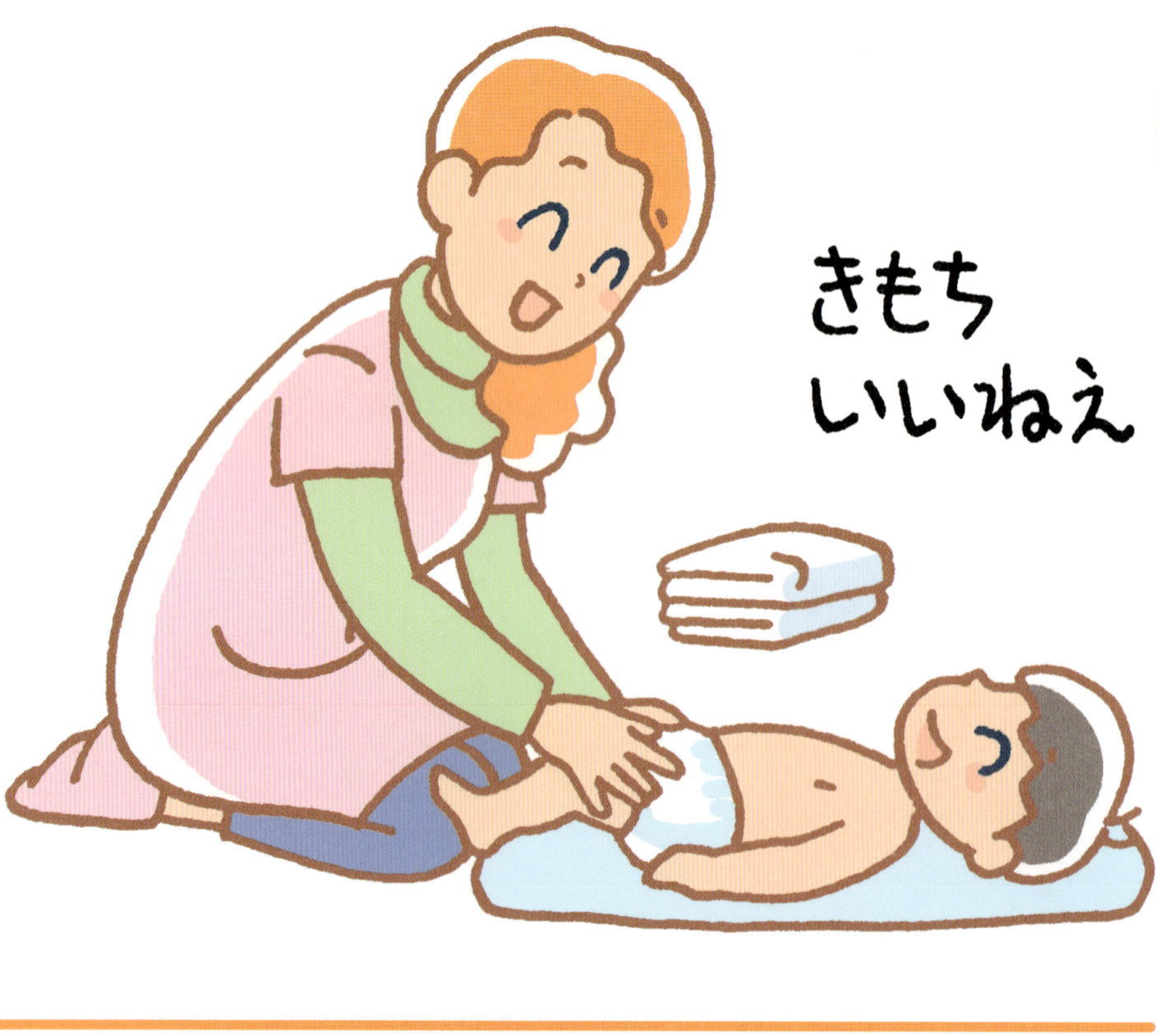

ノーパンあそびでさらに脳を活性化

活発に体を動かすこの時期は、おむつを外してあそぶ時間を多めにとってあげましょう。足の付け根のもたつきがなくなることで、正しい足の運びを覚え、正しい歩き方ができるようになります。おもらしが心配なときは、トレーニングパンツをはかせてもいいでしょう。

赤ちゃんはどんな動きをするか分かりません。ケガをしないように部屋をかたづけてあそばせましょう。

脳教室

スキンシップで快感を教える

おむつがえをすると気持ちよくなることを教えます。太ももの付け根から足の指先へ向かって、皮膚を圧迫するマッサージを数回、ゆっくりしてあげましょう。前面だけでなく、うつ伏せにして背面もしてあげます。お母さんによるこの刺激は、触覚ではなく、圧覚の刺激で、この触り方のほうが快感を感じやすくなります。

ゼロを教える

ゼロ=何もない状態を表わす数字

「りんごはいくつありますか？」「積み木を3つ持ってきて」など、生活の中で数を教える場面はいろいろとあります。とくにお風呂は、数を教えるのに最適です。お風呂から出るときには10数えることにして、「1・2・3……10」と言って出るようにしましょう。10まで数えられるようになったら、次は「10・9・8……1・0」と逆に言い、**「3・2・1・0」のゼロで出る**ようにします。この数え方をすると、数には**何もない状態を表わすゼロ**があるということを教えることができます。カレンダーで数字を覚えるのもいいでしょう。

脳教室
アナログ脳とデジタル脳

ゼロの概念が分かると、デジタル処理が上手になり、合理的にものが考えられるようになります。大きい・小さいのアナログ量ではゼロの概念はないので、観念的、直観的な処理になります。ゼロの概念ができたら、数字を教えます。1歳から数字の意味を教え、興味を持たせると、1けたの足し算も簡単にできるようになります。

禁止のトレーニング

自主的にやめることを教える

この時期になると、赤ちゃんはいろんなことに興味を持ち、コンセントに指を入れるなど、危険なこともしようとします。これをやめさせるために、「ノーゴー反応」を教えましょう。まず、**具体的に「これには危ないから触らないでね」と声をかけます。**してはいけない理由を理解させたほうがいいのです。赤ちゃんが触ろうとしたときに「ダメよ」と声かけをします。そして触らないでいられたら、「よく触らなかったね、えらいね」とほめましょう。このように、しないことでほめられる経験をくり返すことで、赤ちゃんは自主的にやめることを覚えます。**なかなかやめない場合には、「ノーゴー反応」でほめるやり方ではなく「あと3回やったらお尻を叩くわよ」と具体的な罰則**をつくり、実際にできない場合は叩くこともしなければなりません。

脳教室

報酬と罰で禁止を教える

積極的に「しない（ノーゴー）」ときには、右の前頭前野《ぜんとうぜんや》の44野から神経細胞の活動を抑える指令が出ます。「しない」ことができたら、ほめましょう。逆に「する（ゴー）」をやめるのは難しく、強い罰を与える必要があります。「我慢しなさい」と言ってやめさせるのは、報酬《ほうしゅう》も罰もないので、やめることは大変難しいことです。「自主的にやめる」ことには、しないことへの満足がありますが、我慢はつらいだけなのです。

c o l u m n 2

イヤイヤ期をどう乗り切る?

イヤイヤ期の3つの原因

赤ちゃんが１歳を過ぎると、多くのお母さんがイヤイヤ期に直面します。その原因とは、

1　前頭前野の発達が充分ではない
2　単なるワガママ
3　イヤがる要因がある

の３つが考えられます。

1　前頭前野の働きが悪いと、新しいこと、知らないことに対して拒否的な反応を示すので、この本のメソッドで前頭前野を鍛えていけば、自然と収まってきます。

2　駄々をこねることで要求が通ると分かれば、赤ちゃんの態度はエスカレートしていきます。親が「ダメなことはダメ」と、毅然とした態度で接することが必要です。

3　特定の事柄をイヤがる場合は、イヤがるときの赤ちゃんの様子や好き嫌いをじっくり観察して、その要因を取り除いてあげることで、イヤイヤを緩和させることができます。

ただ、どの場合も無理強いはイヤイヤ期を悪化させます。赤ちゃんの好みや個性を毎日の生活の中でしっかり把握し、根気強く働きかけて直していきましょう。

天才脳を伸ばす
2歳教育

2歳の脳は臨界期を迎える

感覚刺激が急激に伸びる

「臨界期」にどれだけの刺激を与えられるか

赤ちゃんの脳は、まず神経細胞が妊娠6か月目からつくられはじめ、誕生後8か月から3歳までの間に、今度はシナプスがすごい勢いでつくられはじめます。この時期のことを『シナプス過剰形成期』といいます。

そして2歳の脳は『臨界期《りんかいき》』に入ります。『臨界期』とは、感覚刺激に対する反応が非常によくなる、2歳から3歳半頃までをいいますが、とくにこの2歳という時期は『臨界期』という、最も感覚刺激を受け入れやすい時期だといわれています。

この『臨界期』に適正な感覚刺激を与えないと、この後、どんなに刺激を与えても反応が鈍く、刺激をうまく受け入れられなくなってしまうのです。2歳は『シナプス過剰形成期』と『臨界期』が重なる、重要な時期。意識して感覚刺激を与え、理解し、反応することを教えていきましょう。

本物、良質の刺激が効果的

この『臨界期』で与える感覚刺激は、子どもの一生を左右するものになる可能性があります。豊かな感受性を身につけさせるためにも、本物や良質の物を与えるようにしましょう。聴覚だったら、いい音やいい音楽。視覚なら鮮やかな色の絵や動く動物。嗅覚や味覚には、かすかに香る花や緑の匂いや旬の味など。強弱、濃淡、さまざまな刺激を与えて、知識として脳に覚えさせましょう。食べ物を見せてから食べさせたり、楽器を見せてから音を聞かせるといったように、同時に2つの刺激を与えると、その物に対しての理解が深くなります。

感覚刺激の中で忘れがちな触覚刺激ですが、実はこれがとても大切。今までは必要に応じて抱き上げたり、体を触ったりしてきましたが、この時期は意識的に抱いたり、なでたりして、スキンタッチをしてあげてください。そうやって触られることで、『気持ちいい』という感情が起こってきます。このとき、VTAシステムが働き、側座核《そくざかく》で「気持ちいい」という快感が起こり、前頭葉《ぜんとうよう》の発達を促し、生活のリズムを整えていきます。

また、運動には『臨界期』はありません。ですから、早い時期から動かし方を覚えておけば、早くうまくなっていきます。この時期からどんどん体を動かさせ、基礎をつくっておくといいでしょう。

人間の能力を身につける

母親と父親の共同育児が必要

どう生きるかを考えはじめる時間

久保田メソッドでは、0~2歳までにシナプスを増やし、神経回路をつないでいろんな行動をしやすくする教育を行ないます。つまり、生物個体としての成長を促すための刺激トレーニングを目的とします。

しかし、この2歳教育では、次の段階として、『人間としての教育』を行なっていきます。ただ歩いたり手を動かすための訓練ではなく、社会に適応し、集団生活を行なうための『人間の能力』を身につける教育です。

この時期の教育で一番大切なのは、社会性を身につけるということ。社会性というのは、集団であそべるようになること、社会に目を向けるということです。そのためには体が自由に使え、誰とでも会話ができ、他人の気持ちを察して、ルールを守ることができなければなりません。それらをすべてできるようにしていく基礎をつくるのが、この2歳教育の目的です。

ですから、2歳からはメソッドを行なうだけでなく、公園など、同じ年齢の子どもたちが集まる場所に連れて行って、集団の中であそばせるようにしましょう。

父親の教育参加が必要な時期

また、さまざまな場所に連れて行って、社会を見せることも必要です。この役はぜひお父さんがしてください。父親には社会とはどういうもので、どう生きていくかということを子どもに教える任務があります。

母親はコミュニケーションを含めた、生活全般のことを教え、父親は社会を見せることに専念する。このように教育の分業を行なうことで、子どもは多面的に社会を考えることができるようになります。

2歳

人間力を高めるポイント

ルールをつくり、それを守る

社会のルールをきちんと守れるように、まず家庭内でルールをつくり、それを守るようにしつけましょう。親は子どもの手本。どんなときでも、手本となる行動を心がけましょう。

さまざまな刺激を与える

良質な感覚刺激をたくさん与えましょう。ただ、いくら良質とはいえ一方的に与えても意味がありません。子どもが興味を持つように、好きなことと関連づけて与えましょう。

子どもをよく観察する

何に興味を持ち、どんなことに夢中になるかをよく観察して、その子の得意・不得意を見極めたうえで、楽しみながら長所を伸ばすようにしましょう。

父親の育児参加

体力で圧倒的に有利なお父さんを子どもは尊敬します。この絶対的な信頼関係は、社会性を育てるうえで大切な要素。子どもと触れ合って、いろんなことを教えていきましょう。

集団の中であそばせる

同年代の子どもたちとあそばせると、自分の思い通りにならないこともあります。その中で相手を思いやる心、我慢する心などさまざまなことを学ぶことができるのです。

あそぶ時間を決める

集中してあそべるようになってきたら、「時計の長い針が6になったら終わりね」などと声かけをします。やめる時間を覚えさせてからあそぶと、ワーキングメモリーが鍛えられます。

手と指を使う

お母さんがお手本を見せる

お母さんは正しい姿勢や正しいお手本を見せる、大切な存在です。正しい手や指の使い方を教える（まねさせる）ため、必ず子どもと並んで座りましょう。

1点集中であそばせない

集中してあそぶことはいいことですが、1つのことばかりをさせていると、脳の発達が偏ってしまいます。時間を見計らって、次のあそびをさせるように工夫しましょう。

ボールあそび

手をうまくコントロールする

ただボールを転がすだけのかんたんなあそびに思えますが、目標物を決めてそこに転がすことによって高度なあそびになります。**ボールをどの向きに、どれくらいの力で、どのように転がせばいいかを考え、覚えていく**ので、何度もくり返しあそばせて、どこにでも自分の思い通りに転がせるようにしていきましょう。ボールは片手で握れるくらいの小さいものや、目で追いやすく転がしやすい大きめのものなど、いろんな大きさを用意します。

　ボールをうまくコントロールできなければ、お母さんが後ろから抱えるように座って、子どもの手に上から手をそえます。手の使い方や、どのタイミングで指を離すかなどを、実際にボールを転がしながら教えましょう。まっすぐ転がせるようになったら、次はお互いに向かい合って座り、お母さんに向かって転がさせます。慣れてきたら、少しずつ転がす距離を長くしたり、お母さんが転がしたボールを受け止める練習も。ゴールを決めておもちゃの車を走らせることも、力加減を覚えるいい練習になります。親やお友だちとも一緒に競争してあそぶようにしましょう。

少しずつ目標物の大きさや距離を変えるなど、バリエーションをつけながらあそばせましょう。

脳教室

変化を与えて脳を鍛える

ボールは正しく握らせましょう。小さいものは指先を使って握り（精密把握）、大きめのものや重いものは手の平を使って握り（握力把握）、目標めがけて転がします。ボールが手から離れても目標につくまで見ていなければなりません。ボールが目標に当たるようになったら、力を入れてスピードを速くしていきます。お母さんとどちらが上手にできるか競争です。

前頭前野

粘土あそび

でき上がりを考えてものをつくる

粘土あそびで大切なのは、最初に何をつくるかを決め、つくった物を使ってあそぶことまでを1つのメソッドとすることです。丸い球をつくったら、それをボール代わりに転がしておもちゃを倒したり、おだんごに見立てておままごとをする。このようにして**自分があそぶ道具をつくること、でき上がりを考えて**物をつくることをセットで教えていきましょう。

まだ粘土に慣れていない子どもには、丸い球や長細いひも状の物をつくることを教えます。きれいな形にするには手の平のどの部分を使って、どのように両手を動かしたらいいかということを、まずお母さんがやって見せ、まねをさせるようにします。同じ作業でも、**速くすることで手の神経回路がより太くなり、よく働くようになる**ので、上手に形がつくれるようになったら、手早くつくるように促しましょう。手の平がうまく使えるようになってきたら、三角や四角など好きな形をつくる練習を。手の平だけでなく指も上手に使いながら、少しずつ複雑な形がつくれるように働きかけていきましょう。

一緒につくるだけでなく、何をつくるか、思い通りにつくれたかなどの声かけを忘れずに。

脳教室　イメージが前頭前野を鍛える

作業の前には、どんな物をつくるか頭の中にイメージします。そして、それをつくっている間、覚えていなければなりません。これがワーキングメモリーです。そのため、つくる前に、どんな物をつくるのか聞いておき、でき上がったら、思い通りにつくれたかを答えさせます。イメージ通りにできたら、ほめてあげましょう。これが前頭前《ぜんとうぜん》野《や》を鍛えることになります。つくるときは両手を使わせましょう。

前頭前野

グー・チョキ・パー

1本ずつ指を動かす練習

指先を器用にするには、指を1本ずつ動かす必要があります。グー・チョキ・パーを使ってあそぶことで、意識して5本の指を動かす練習をしましょう。まずお母さんがグー・チョキ・パーと言いながら、それぞれの手の形をやって見せます。グーの形、チョキの形、パーの形をしっかりできるようにすると、**いろんな形を手で表現することができるようになります。利き手でできるようになったら、もう片方の手も同じように練習しましょう。**

手の形とその名前を覚えたら、両手を組み合わせて、いろんな形をつくります。片手でチョキをつくった上に、もう片方の手のグーを乗せて『かたつむり』、グーの上にパーを乗せて『ヘリコプター』など、想像しながらいろんなものをつくってみましょう。3歳の誕生日を過ぎると、親指と小指を合わせ（対向）られます。それまでは、チョキをしようとすると、他の指も少し曲げてしまいます。おはし、鉛筆が持てても、3歳までは、できない手の動きなので、くり返し練習しましょう。

指の形とその意味を一緒に教えることで、指で物を表現することを覚えていきます。

脳教室　道具を使うための準備運動

左手でも右手でも、グー・チョキ・パーができるようにします。手の指を1本ずつ使えるようにするための訓練です。ただ、じゃんけんができるようにするわけではありません。どの指も使えるようになれば、道具が使えるようになります。道具を使うのは、何かをつくるためです。また、グーが石、パーが紙、チョキがハサミを意味していることを教え、石は紙に包まれるからグーはパーに負ける……という概念を少しずつ教えていきましょう。

ボタンあそび

自立への第一歩

それぞれの指を独立して使う練習をはじめたら、自分で着替えができるように、ボタンやスナップのとめ外し、ジッパーの上げ下げの練習をはじめましょう。**練習用に布でつくられたおもちゃもありますが、ファスナーのすべりがよく、開閉しやすい大人用のジャンパーやバッグの開け閉めでも充分です。**

お手本を見せるときは、右手と左手の役割をしっかりと教えるようにしましょう。ジッパーは金具をつまむだけでなく、もう片方の手で布をしっかりと押さえることが大切です。手の使い方をうまく教え、成功率を上げていくようにしましょう。スナップには凸と凹があることを気づかせ、押すだけでとまるようにセットして、「パチン」とはまる音や感覚を体験させます。ボタンは難関なので、お母さんがやって見せるだけでもかまいません。指の使い方、ボタンを穴にどうやって通すのかをしっかりと見せ、ボタンのとめ外しに興味を持たせるようにします。最終的に自分で着替えができるようにするのが目的ですから、毎日、短時間でもかまわないので、ボタンやスナップ、ジッパーなどを触らせて、自分でできるように働きかけていきましょう。

子どもがつまみやすい、大きなボタンやジッパーのついた服やバッグで練習させましょう。

脳教室 両手の役割を考えさせる

ボタンなどのとめ外しをするときは、右手でボタンをつまみます。左手は布を押さえ、右手を使いやすくします。とはいえ、まだ利き手は決まっていないので、子どもがやりやすい方の手を使わせましょう。使う手を決めるのは子どもです。ある動作をするとき、決まった手を使うようになったら、そちらの手が利き手になりますから、その手を使うようにします。

ちぎり絵

でき上がりを想像して作業する

2本の指で、じょうずにつまめるようになったら、ちぎった色紙を画用紙に貼りつけて、絵をつくりましょう。色紙をちぎることで、指先に力を入れて動かせるようになり、**ちぎった紙を貼って形にしていくことで、創造する心を養います**。ですから、このメソッドは、ちぎって貼るだけでなく、**最終的に何かの形になるように工夫して行なってください。**

まず色紙を3〜4色ほど選び、好きなようにちぎらせます。裏にのりを塗らなければいけないので、最初は大きめにちぎったほうがいいでしょう。のりを塗ったら画用紙に貼りつけます。何枚か貼りつけたら、まず「これ何に見える?」と聞きます。「ねこ」と答えて、ねこに見えなくても必ずほめます。「お母さんにもかかせて」といって、ねこをかいたり、添え書きをして、子どものかいた絵を仕上げます。

花をかいたときは、「わー、もう少し大きい花と小さいお花もかいて」と、注文をつけ、いろいろな大きさや色で花園にします。

ちぎったり貼ることで指先が、完成形をイメージすることでワーキングメモリーが鍛えられます。

楽しい工夫を

はじめは塗り絵感覚で

慣れるまでは、あらかじめ画用紙に元になる絵をかいて、ちぎった色紙を貼らせてもいいでしょう。子どもの興味に合わせて、葉っぱなどに見立てて貼らせましょう。

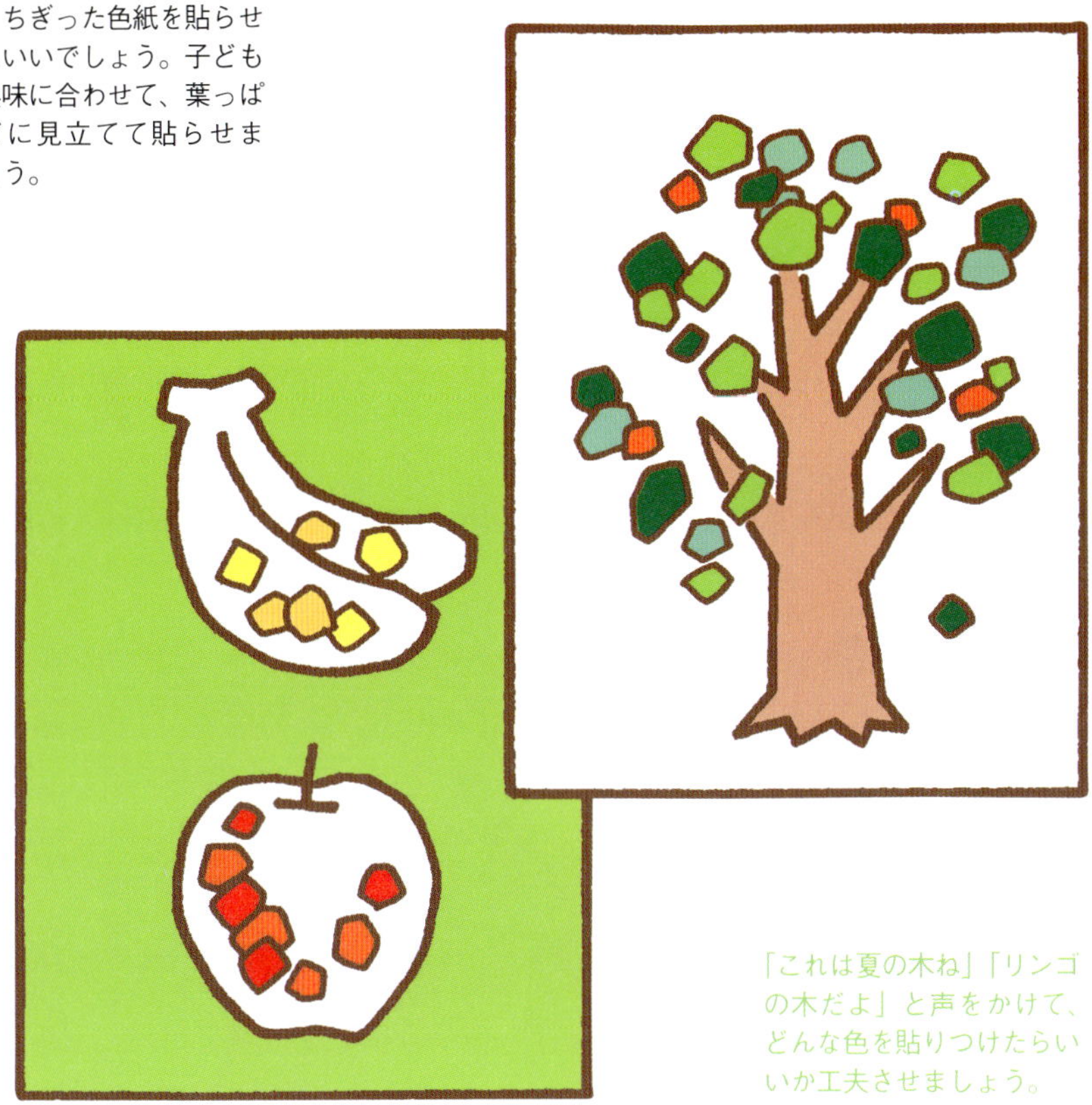

「これは夏の木ね」「リンゴの木だよ」と声をかけて、どんな色を貼りつけたらいいか工夫させましょう。

脳教室

段取りが大事

あそぶときは、あらかじめ道具を用意させます。色紙や画用紙だけでなく、のりを使うので濡れたタオル、乾いたタオルも用意します。この段取りによって予測力が高まります。あそぶときは、ひとつひとつ丁寧に仕上げていくことを教えます。イメージを育てるには、白紙に好きなものをつくり上げさせましょう。

折り紙

目で見ながら分量を覚える

指先が、まだ器用に動かないこの時期は、折り紙で何かをつくらせるというより、**折りながら量的な概念を教えます。**お母さんが並んで座り、「半分に折ります」と言いながら、辺同士を合わせて長方形に折ったり、角と角を合わせて三角形に折ります。このとき『半分』は2つに折る、正方形の折り紙を同じ大きさに分けた形だということを説明しましょう。辺と辺、角と角を合わせるときはしっかりとつまみ、折り目をつけるときは親指の爪を使うなど、場面に応じて、指のどんな場所を使っているのかを、ていねいに見せるようにしましょう。

半分に折れたら、次は3つ折りに挑戦します。3つ折りは、3つの同じ大きさに折り分けるということを説明してから、お手本を見せます。

とくに3等分は予測が必要な折り方ですから、何度もくり返し練習しましょう。指の使い方がうまくなったら、かんたんな折り紙を一緒に折ってみましょう。

子どものとなりに座って、声かけをしながら、形や指使いなどを見せて折りましょう。

何を折ればいい?

折り紙の基本を覚える

折り紙は「三角に半分に折る」など、形と分量で説明することが多い作業です。言葉を聞いて、さっとそのとおりに折れるように、折り紙の基本をマスターしていきましょう。

脳教室

イメージして折り方を考える

折り紙で何かをつくるとき、2つ折り、4つ折りは見せてあげれば、かんたんに折れるようになります。しかし、3つ折りは、見せるだけで折れるようにするのは難しいことです。3つ折りの完成形をイメージし、そのために折り紙のどこを折ればよいか、見当をつけなければなりません。この見当をつけるためには、前頭前野《ぜんとうぜんや》を使わなければなりません。

2つ折り

折った後、紙を開いて、同じ大きさの三角が2つできていることを見せ、「半分」を教えましょう。

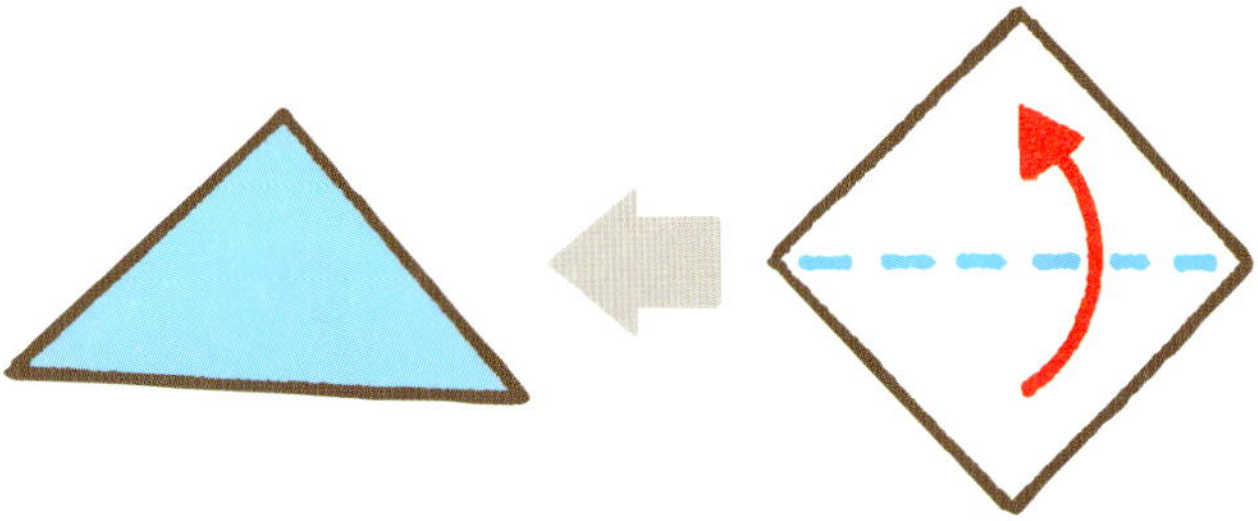

3つ折り

1回で折れなくてもかまいません。「3等分」の意味を教えながらゆっくり取り組みましょう。

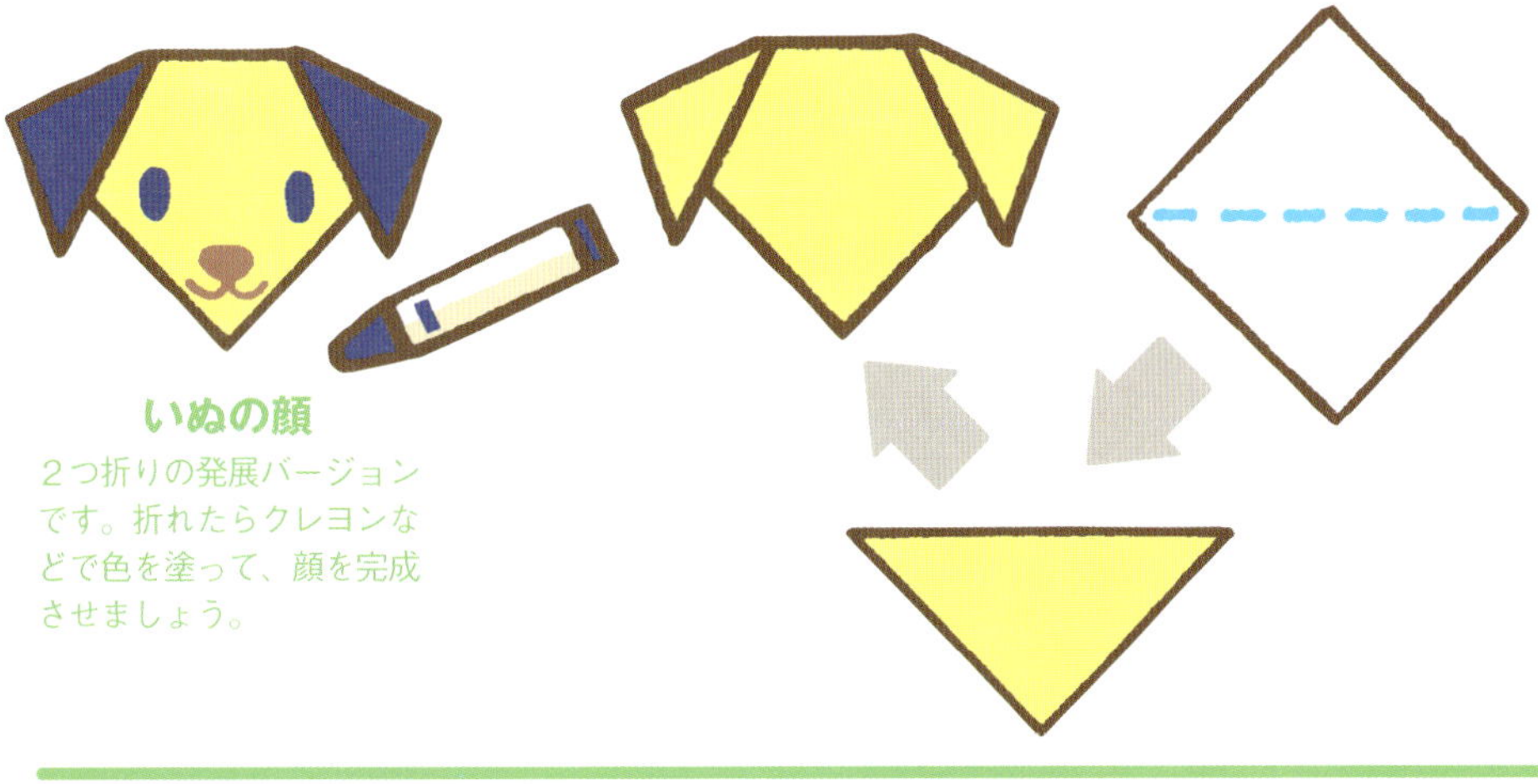

いぬの顔

2つ折りの発展バージョンです。折れたらクレヨンなどで色を塗って、顔を完成させましょう。

腕を振って歩く

腕を振って歩くことで、左右のバランスが取りやすくなり、背筋もまっすぐになります。正しい姿勢を身につけるためにも、腕を大きく振って歩かせるようにしましょう。

かかとからつけ、拇指球で蹴る

くつの減り方が左右違っている場合は、足の運びをチェックしましょう。かかとから着地して、体重を移動し、拇指球（親指の付け根）で地面を蹴るようにすると直っていきます。

足を使う

足に合ったくつ選び

くつは①足の大きさに合う②親指が自由に動く③ウィズ（指の付け根の外周）を適度に締めつけている④かかとが固定されている、の４点に注意して選んであげましょう。

いろんな道を歩く

２歳になると行動範囲をどんどん広げていきます。坂道や階段はもちろん、でこぼこ道も積極的に歩かせましょう。路面に合わせて歩くことで、脳を働かせることになります。

速く歩く・階段を上る

歩きのテクニックを身につける

同じ行動でも、速度を速くすると、より高度な運動となり、それだけ前《ぜん》頭葉《とうよう》を鍛えることになります。歩きも同じ。ですから、つまずかずに歩けるようになったら、徐々に速く歩くようにしていきましょう。効果的なのは、追いかけっこや鬼ごっこ。芝生や柔らかい土など、転んでもケガをしないような場所で、速足で追いかけたり、**「ここまでおいで」といって逃げたりしながら、速く歩かせる**ようなあそびをしましょう。

　また、この時期はよく転びます。このとき大切なのは、転んだときに手が前に出て、体を守ること。これができない子どもは、ブランコやすべり台などで多くあそばせて迷路反射を鍛え、すぐに手が前に出るように教えていきましょう。

　公園などにある階段で、上り下りの練習もします。私たちは階段を上るとき、つま先立ちで上っています。子どもに教えるときは、階段を上がるときの自分の足の形をイメージし、一段一段、しっかりと足をつけて上り下りをさせましょう。子どもの足は小さく、まだ安定したつま先立ちができません。最初は手をつないで、つま先⇓かかと（安定）⇓かかとを上げる⇓つま先で階段を蹴る、という一連の動作を意識しながら、1段ずつ上り、段差に慣れさせていきましょう。階段を上り下りするときは、「いち、に、さん」と声かけをしながら行なうと、すんなり数字が頭の中に入っていきます。

①前をしっかり見る②腕を大きく振る③かかとから着地し、つま先で蹴る、で歩きましょう。

階段にもチャレンジ

怖がらせないように、ゆっくりと

階段の前に来たら、「階段だよ、足を高く上げて上ろうね」と声をかけて、注意を促しましょう。また、子どもは頭が重いので、下りはとくに気をつけてゆっくり歩きましょう。

最初は幅の広い階段で練習すると、高低差も少なく、安定して上り下りができます。

脳教室

速度を変えて前頭前野を鍛える

歩けるようになったら、歩幅は変えないで、速く歩くようにします。腕は大きく振り、歩く距離を長くしていきましょう。足を地面につけるタイミングで「イチ、ニッ」と親子で声かけをしながら歩きます。これに慣れてきたら、声かけのスピードを早くしたり遅くしたりして、そのテンポに合わせて歩けるようにしていきましょう。歩くスピードを早くしたり、遅くしたりすると、前頭前野《ぜんとうぜんや》も運動野《うんどうや》も強く働きます。

考えながら歩く

どんな道でも歩ける練習

前頭前野

散歩は、なるべくいろんな道を歩くようにしましょう。道はいつもきれいに舗装されているとは限りません。でこぼこ道や坂道、ジャリ道など、どんな道でもバランスを崩さず歩けるように、練習をしておく必要があります。また、幼稚園などに通園するようになったら、自分でカサをさして歩かなければなりません。体力がついてきたら、雨の日もカサをさして散歩に出るようにしましょう。ただ、カサをずっとさし続けるには腕の力が必要ですから、いきなり持たせても長続きしません。最初は公園に行くときにおもちゃの入ったバケツなどを持たせて、片手に何かを持って歩くことに慣れさせていきましょう。

交通ルールも散歩中に教えていきます。道では右側を歩くこと、赤信号では止まり、青信号になったらすぐに歩き出すこと、前から人が歩いてきたらよけることなど、ひとつひとつ声かけをしながら、ていねいに教えていきましょう。散歩の時間はその子の体力によりますが、**長い時間、長い距離を歩くことが理想です。**声かけやルートを工夫して、楽しみながら歩けるように心がけましょう。

信号を見たり、看板を見るなど「ながら歩き」ができるようになりましょう。

2歳

散歩を活用する

歩きながら
周囲の環境を覚えます

歩いているときに目に入る情報は、後頭部に記憶され、知識になります。歩きながら何が見えるかなど、意識して観察させることで、散歩のルートや交通ルールを覚えていきます。

いつも歩く道にどんなものがあるのか、周囲の環境を覚えることも、散歩の重要な役目です。

脳教室

一定のスピードで歩く練習を

左右、前方に注意を払いながら、歩く先の地面に注意しながら歩きます。穴があったらそれをよけなければなりません。目的地まで、歩くスピードは変えないように。スピードが遅くなるのは、前頭葉《ぜんとうよう》がまだうまく働いていないためです。くり返し練習して、一定のスピードで歩けるようにしていきましょう。

ボール蹴り

ゴールを決めて蹴る練習

ボール蹴りは、片足で立ち、もう片方の足のつま先でボールを蹴らなければならない、難しい動作です。最初は蹴るというより、足を前に振り出すとボールに当たるようにして、ボールを蹴る感覚を教えていきましょう。右足で蹴ったら次は左足というように、両足で練習をします。ボールを蹴る感覚が分かってきたら、遊具などをゴールに見立てて、そこに向けて蹴るようにしましょう。**手でボールを投げるのと同じように、ボールを蹴るときにも、脳はどの方向に、どれくらいの力で足を動かすかを考えます。**ですから、うまく蹴れるようになったら必ず目標地点を決め、そこに向けて蹴るようにしましょう。

蹴ることに慣れてきたら、お父さんやお母さんとパスをします。いいパスができたら「スゴイ！」「うまいね～」と言ってほめ、いいボールを蹴ればほめられ、楽しくあそべるということを覚えさせていきましょう。相手にほめられたり、喜ばれるということがわかり、それに向けて努力することで、子どもはコミュニケーションを学んでいきます。

競争や課題を用意するなど、子どもが楽しみながら上達するように促しましょう。

脳教室

レベルアップしながら前頭葉を鍛える

ボールが蹴れるようになったら、ボールを蹴りながら目的地点まで歩きます。目的地点を覚えておいて、歩きながら蹴るわけですから、前頭葉《ぜんとうよう》が鍛えられます。うまくできるようになったら、目的地に行くときは右足で、帰るときは左足で蹴るようにしましょう。どちらが早く目的地点まで蹴って行けるか、お母さんと競争するのもいいでしょう。うまく蹴れるようになると、利き足が決まってきます。

ジャンプ

チャレンジ精神を育てる

たくさん歩けるようになり、体もしっかりしてきたら、ジャンプの練習をしましょう。運動面だけでなく、**少し高いところから飛び下りようとすることで、チャレンジ精神が生まれ、飛び下りることで達成感が味わえます。**この緊張と達成感をくり返すことで、新しいことに挑戦する楽しさを覚えていきます。「危険だから」やめさせるのではなく、「やりたい」という気持ちを大切にしながら、安全な場所を選んで体験させましょう。

まず低い段差や階段の上から、両足をそろえてジャンプします。最初は手をつないで、かけ声に合わせて、上に引っ張り上げるようにして飛ばせます。怖がるようだったら、お父さんとお母さんが片手ずつつないで、「ジャーンプ」と言いながら持ち上げ、両足が地面から離れる感覚を教えていきましょう。段差のジャンプができるようになったら、その場ジャンプに挑戦です。つま先に力を入れるタイミングや体の使い方など、今までの運動にはない要素がたくさん入ってくるので、体にも脳にもとてもいいトレーニングになります。

ひとりで飛ばせる前に、手をつないで飛ぶ『安全ジャンプ』を充分行ないましょう。

電車ごっこ

あそびで仕事を体験する

社会性

なわとびの縄をつないでつくった輪の中に入り、電車ごっこをしましょう。最初はお母さんが前、子どもが後ろでスピードを合わせて歩きます。このとき「この電車は新幹線です」と言って速歩きするなど、**緩急をつけて行なうと、脳と足のいいトレーニング**になります。相手のペースに合わせて歩くことができたら、前の人は運転手さん、後ろの人は車掌さんというように役割分担をしましょう。運転手さんはルートや速度を決め、車掌さんはドアの開閉や車内アナウンスをするなど、実際の電車に近い設定を取り入れます。

このようなあそびをすることで、**さまざまな仕事にたずさわる人たちの行動を観察するようになり、『職業』に対して意識をする**ようになります。

仲良しの友だちができたら、これを子ども同士でやらせます。先頭は後ろのペースに合わせてスピードをコントロールしたり、どのルートを通るかなどを考えるため、リーダーシップを取るようになり、後ろはどんなアナウンスをしようか考えます。中のお客さん役はどこで降りようかなど、あそびの中でいろんな役割を演じるようになります。

何人でもあそべるのが電車ごっこの楽しさ。友だちを増やしながらあそびましょう。

脳教室

行き先を決めて出発する

リーダーシップを身につけるためのあそびです。運転手は「○○まで行きます」「乗ってください」と言って、お客を乗せます。乗せたら「出発」と言って歩きはじめます。ある程度歩いたら、「○○駅です。止まります」と言ってストップし、お客を降ろして、また出発します。実際の電車の運転を見てまねをするあそびですから、いろいろなことを知らなければなりません。友達がいなければ、お母さんと一緒に電車を動かしながら声かけを覚えます。お母さんがお手本を示すようにしましょう。

2歳

鬼ごっこ

ほどよい刺激で競争心をつける

お母さんとの追いかけっこを、集団でもできるような鬼ごっこに発展させます。鬼は逃げる人を追いかけ、逃げる人はタッチされたら鬼になるというルールを教えてからあそびましょう。このあそびは、走ることが身につくだけでなく、**「誰が鬼なのか」を常に覚えながらあそぶので、ワーキングメモリーが鍛えられます。**最初は慌てて転んだりすることもあるので、ケガをしないような場所で行ないましょう。

まずお母さんが鬼になり、子どもはタッチされないように早や歩きで逃げることからはじめます。「まてまて～」「つかまえるぞ～」などの声かけで、「早く逃げなきゃ」という気持ちが起こり、早や歩きが、少しずつ走りに変わってきます。**歩き⇒早や歩き⇒走るという順で運動が高度になる**ので、ぜひ公園あそびに取り入れて、脳の発達を促しましょう。同じ年頃の友だちとできるようになると、競争心が芽生え、さらにタッチされたくないという気持ちが強くなるので、運動量も増えます。この時期の子どもにとって、とてもいい刺激になるので、数多くやるようにしましょう。

鬼ごっこは、「つかまらないように逃げる」という、今までにない刺激を味わうことができます。

脳教室

鬼のことを教えてからあそぶ

鬼ごっこは鬼のまねをするあそびですから、まず鬼の顔を知らなければなりません。鬼の出てくる絵本を見せて、鬼のことを教えましょう。タッチしたあとは、つかまらないよう、考えて逃げなければなりません。このあそびでは、隠れることなどを覚えなければなりませんし、走って逃げることも覚えなければなりません。

かくれんぼ

10野を働かせて予測力をつける

隠れ場所の多い公園は、かくれんぼをするのにぴったりの場所です。かくれんぼは隠れている人を探すあそび。**誰が隠れているかを覚え、どこに隠れているかを予測**して探さなければなりません。また、何回か同じ公園でかくれんぼをすることで、「どこに隠れることが多いか」という情報が知識となり、だんだん探し方がうまくなっていきます。このように、**同時にいろんなことを考えられるようになると、前頭前野の10野が働く**ようになるので、複数のお友だちを誘って行ないましょう。

お母さんとふたりで行なう場合は、まずお母さんが隠れます。あまり遠くない場所で、髪の毛やくつなどが少し見えるようにして、かんたんに見つかるように隠れましょう。子どもはお母さんの隠れる様子を見て、どんなところに、どのように隠れたらいいかを学びます。次に子どもに隠れさせます。「どこかな？」と言いながら近づき、ドキドキしても声を出さないで、じっと我慢していられるように働きかけましょう。

最初はすぐに見つかるような場所に隠れて、予測して探す楽しさを教えましょう。

脳教室

名称と物を一致させる訓練

隠れた人や隠した物を見つけ出すあそびです。探すためには地形を理解しなければなりません。家であそぶときは、たとえば人形に衣服を着せていきます。シャツ、パンツ、くつ下、上着、帽子、くつ、というように、順番を決めて、体に身につけていきます。このとき、「パンツとって」「くつ下とって」と、物の名前を教えながら行いましょう。

三輪車

自分で動かす楽しさを教える

三輪車やペダルカーは、歩くだけでは身につかない動きを覚えるいい道具ですし、自転車に乗るための準備にもなります。安全な場所でどんどん乗らせましょう。最初はペダルから足をはずし、後ろから背中を押して動かします。**緩急をつけて押し、歩くよりもスピードが出ること、動くとペダルも動くことなどを教えましょう。**

次にペダルに足を乗せ、足がペダルの動きに合わせられるぐらいの、ゆっくりした速さで押します。足の動かし方を覚えたら、少しずつ自分の力でこげるようにしていきましょう。また、ブレーキがないので、スピードを落としたり止まるときには、足を地面につけることも教えます。両足で地面を蹴って進む方法も教えておくと、いざというときにスムーズに足が出るようになります。三輪車もバランスを崩すと倒れることがあるので、必ず近くについて、いつでも補助できるようにしましょう。舗装した道で乗れるようになったら、ガタガタ道や坂道など、どんな道でも対応できるように、いろんな道を走らせましょう。

最初は背中をゆっくりと押して、足の動かし方や踏み込むタイミングを身につけさせましょう。

脳教室
自転車の準備的な乗り物

三輪車は自転車の準備的な練習の道具として、なるべく早く卒業させるようにしましょう。周りに注意し、バランスを取りながら前進させます。歩く訓練と同じくらい時間をかけて訓練しましょう。転んでもケガをしないようにうまく転ぶ練習をさせます。じょうずになってきたら少しずつスピードを上げていきましょう。

指をさしながら名前を教える

固有名詞を教えるときは、必ず指さしをして、何の名前なのかをはっきりとさせてから教えます。逆に「車はどれだ？」と聞いて、子どもに指さしをさせてもいいでしょう。

会話力を高める

目を見て話す

目を見て話すことは、他の人とコミュニケーションを図るうえで大切なことです。また、相手の表情から感情を読み取ろうとするため、ミラーニューロンシステムも働くようになります。

正しい言葉を使う

赤ちゃん言葉を覚えると、あとでまた、正しい言葉を覚え直さなければなりません。子どもが赤ちゃん言葉を話したら、正しい言葉に言い直していきましょう。

単語力をつける

知識となる情報を増やす

単語をたくさん知っていれば、それが知識となり、会話も増えていくので、身の回りの物の名前はどんどん教えていきましょう。とりあえず、2歳の間に目や口などの顔の部位や、手足やおなかなどの体の部位はすべて言えるようにします。また、**右と左という表現があることも、この時期から**教えていきます。最初は混乱しやすいので、ふたりで鏡を見ながら同じ方の手を上げて、「こっちが右手」というように教えるようにしていきましょう。

街中の標識やマークの読み方や意味も、この時期から少しずつ教えはじめましょう。「P」の標識があったら、「あれはピーですよ。車をとめる駐車場のことよ」と声かけをします。**このようにローマ字や数字などは、勉強として教えるのではなく、ひとつの図形として覚えさせていきます。**同じようにトイレの男女のマークや非常口、エスカレーターなど、どんな場所を意味するマークなのかを教え、知識となる情報を増やしていきましょう。

散歩で見かけた標識など、子どもが興味を持つように声かけをして、名称を教えていきましょう。

脳教室

興味を持たせて名称を教える

街の中で見かける物には名前があることを、まず教えます。街で見かけたらすぐに名前を教えましょう。物、文字など、「これは何かな？」と質問することで興味を持たせ、説明をしてから名前を教えます。子どもが覚えたかどうか、その場でチェック（試験）をし、きちんと覚えるまで教えます。覚えたと判断したら、その次に同じ物を見かけたときに、「あそこにあったのと同じだね」と言って、その物の名前を言わせます。このようにして、単語数をどんどん増やしていきましょう。

2歳で覚えたい単語

動物・自然

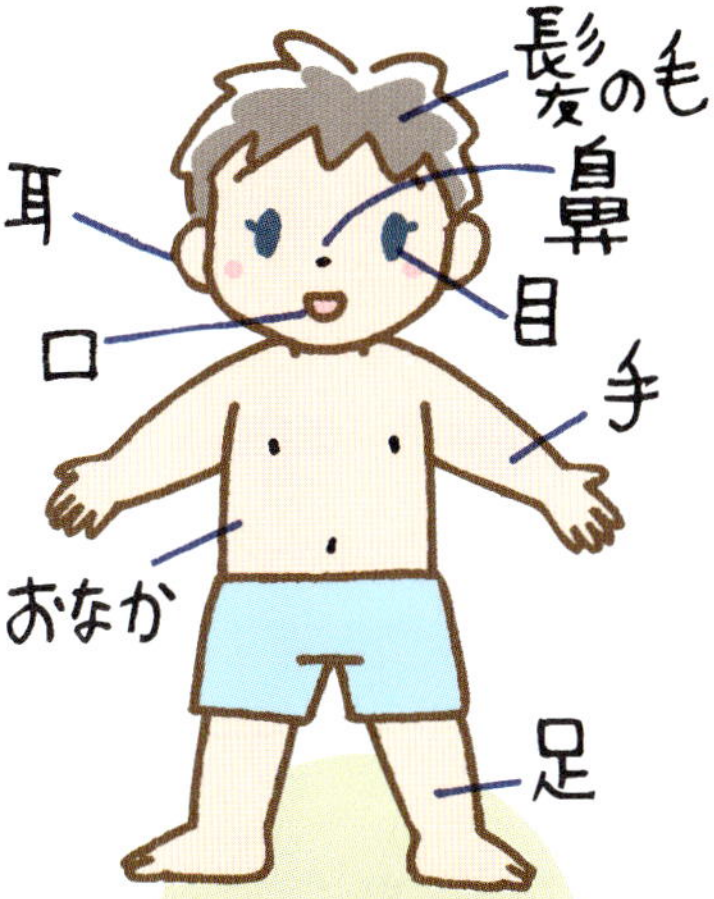

顔や体の部位

食べ物
（パン・ごはん・
くだもの・野菜）

マーク

数覚え

数と数字を同時に教える

数の概念を、日常生活の中で教えていきましょう。たとえば、「みかんを2つ食べよう」と言って、みかんを1つ、2つと数えながら、目の前に並べて、「これで2つね」と見せます。このように**数を数えながら並べることで、「2つ」という言葉と「2」という数を関連付けて覚えさせる**ことができます。「2」が分かってから「3」を教えます。同じように3、4、5……と教えていって、10ぐらいまで分かるようにしていきましょう。きちんと理解できたら、さらに発展させて「2つ」と「2番目」の違いも教えます。車やぬいぐるみを並べて、「前から3番目の物をちょうだい」と声かけをしながら教えていくといいでしょう。

また、同じ「2」を表わすときも、日本語では「にこ」と言ったり「ふたつ」と言ったり、「いち、に、さん……」「ひとつ、ふたつ、みっつ……」「ひい、ふう、みい……」と数えたりします。どれも同じように「1、2、3……」のことを表わしているということを、日頃の声かけで教えていきましょう。

「何がいくつほしいのか」を言わせるようにすると、会話と数、両方を覚える訓練になります。

2語をつなげる

文章で話す練習

単語の数が増えてきたら、2つ以上の単語をつなげて、短くてもいいので、文章を話せるようにしていきます。**「おそと」と言ったら「そとに行く?」、「みかん」と言ったら「みかんを食べるの?」と言い直していく**うちに、少しずつ文章にすることを覚えていきます。子どもは会話から言葉や文法を学んでいくので、正しい言葉づかいを、根気強く教えていきましょう。「ごっこあそび」は、言葉を覚えるのにいいあそびです。とくに『電話ごっこ』は、言葉だけで自分の状況やしたいことなどを説明しなければならないので、言葉を工夫して使うようになります。おもちゃの電話や使わなくなった携帯電話などを渡して、長い文章で会話をするようにしましょう。

また、方向を表わす「あっち」や「こっち」、「向こう」や「ここ」なども、正確に理解させ、使えるようにしていきましょう。お母さんが声かけをする中で、「ここにあるよ」と言いながらすぐ近くを指さすなど、指さしが効果的です。この時期から、自分の意思や行きたい場所を表現できるような声かけを心がけましょう。

何をどうしたいのかを言えるように、最後まで子どもにしゃべらせるようにしていきましょう。

脳教室

単語と同時に方向の概念も覚える

単語の数が増えてきたら、次にすることは2語を続けて文章をつくることです。自分の考えを2語で言えるようにしていきます。方向を指示する言葉を使うときは、手の指も使います。「あっち」と言って、人さし指でそちらの方向を指さします。上下左右、どちらの方向も指させるようにしましょう。

物を分け合う

自分の物を相手に分け与えることで、自分も相手もうれしい気分になることを覚えます。最初は家庭で、次第に友だちと分け合えるようにしていきましょう。

集団に慣れる

幼稚園や保育園では集団で行動するので、その下地をつくります。家族以外の人と接する機会を増やし、自分の気持ちを伝えることや、相手の気持ちを考えることを学ばせます。

社会性を身につける

母

様子を見守る

集団であそぶといろんなことが起こります。そんなときに、子どもがどんな行動を取るのか見極めるためにも、すぐに手を出さず、しばらく様子を見守りましょう。

父

父親も積極的に育児参加する

休みの日には、父親がいろんなところに連れて行って、社会教育をしましょう。母親とは違ったアプローチで社会を教えていくためにも、教育を分業する必要があります。

ルールを守る

集団生活の基礎を身につける

これからたくさんの友だちと人間関係を築いていく中で、我慢しなければいけないことがいっぱい出てきます。そのときに、自分の気持ちを抑えて、ルールを守ることができなければ、安心して集団生活を送ることができません。この時期から、意識してルールを守ることを身につけさせていきましょう。これはアメとムチで教えていきます。

まず家の中で**禁止事項（ルール）を決め、『してはいけないこと』を言って聞かせます。**このときに、「守らなかったらおしりをペンペンするよ」と、怖い顔で宣言しておきましょう。これがムチになります。ですから、**守らなかったら手加減せず、おしりをじかに平手で叩きます。**『痛い』という経験が、『してはいけないこと』というルールと結びつき、**少しずつ『やらないでいられる＝我慢できる』になっていきます。**逆にルールが守れたら、頭をなでたり抱っこして、たくさんほめてあげましょう。『しなかったら心地いい』を刷り込むことで、自主的に我慢を覚えていきます。よりよい人間関係を築くためにも、ルールを守る大切さを、この時期にちゃんと教えてあげましょう。

叱るときは怒っている顔、ほめるときはやさしい顔と、表情でもメリハリをつけましょう。

罰ゲームであそびながら

罰ゲームで禁止を覚える

『してはいけないこと』をしたり、言ったりしたら、シッペをするなど、罰ゲームを取り入れると、子どもは楽しみながら『してはいけないこと』を身につけていきます。

脳教室

前頭前野を鍛えてルールを覚える

社会生活を送るには、ルールを知らなければなりません。『してはいけないこと』をしないように、『するべきこと』は素早くするようにルールを身につけていきます。これらは前頭前野《ぜんとうぜんや》を鍛えなければできません。できたらほめましょう。できなかったら、そのときにすぐに罰を与えます。

1日のリズムをつくる

生活の基礎と充分な睡眠時間を保つ

まとまった時間、睡眠が取れるようになってきたら、ある程度の基本となるタイムスケジュールをつくり、それに沿って生活するようにしていきましょう。**地球の自転に合わせて、1日は24時間となっていますが、人間本来の1日は約23・5時間。**この差を調整するためのリズムつくりをしていかないと、24時間のリズムで生活することはできません。また、1日のリズムをつくっておくことは、子どもにとっても**「次は何の時間か」が予測できるようになり、**いろんなことがやりやすくなります。ですから、幼稚園などに通うようになってから慌てて慣らすのではなく、この時期から1日の流れをだいたい決めておきましょう。

まず、朝起きる時間と夜寝る時間を決めます。充分な睡眠時間を考え、早めに寝かせるように心がけましょう。次におよその食事の時間と昼寝の時間を決めます。さらにその日によって、どの時間に何のメソッドをするかなどを調整していくようにしましょう。

脳教室

起床と就寝時間を決める

健康で生きていくには、一日のリズムをつくらねばなりません。私たちは地球の自転に合わせて暮らしていますが、人間の1日のリズムは本来23・5時間です。ですから朝起きる時間を決め、夜寝る時間を決めます。正しくできれば、リズムが少し狂っても、すぐに元に戻せるようになります。

あいさつをする

親がいい手本を見せる

あいさつはコミュニケーションの基本です。いつでも、誰にでも、相手の目を見ながらあいさつできるようにするには、日頃からきちんとしつけなければなりません。そのためには、**親が率先して手本を見せることが大前提です。**親ができないことは、子どもにできるわけがありません。きちんとあいさつすることを、家族のルールのひとつに加え、親も子どもも必ず守るようにしましょう。

まず、家の中での「おはようございます」「おやすみなさい」「いただきます」「ごちそうさま」を徹底します。また、会う時間帯であいさつが変わる「こんにちは」や「こんばんは」、別れるときに親しさによって「さようなら」と「バイバイ」を言い分けることは、おままごとなどで教えていきましょう。

返事を教えるのもこの時期から。素直に人の言うことに耳を傾けることは、知識を増やすうえで大切な条件です。相手が言っていることがわかったら、「はい」と言えるようにしていきましょう。

知ってる人に出会ったら、必ず目を見てあいさつをすることを習慣にしましょう。

脳教室

子どもは親のまねをする

あいさつは、社会生活をしはじめるときから必要です。相手の顔を見ることで、ミラーニューロンシステムを働かせて、相手が何を考えているか、何をしようとしているかがわかるようにしましょう。親ができないことを、子どもにさせることはできません。ミラーニューロンシステムが働いて、子どもは親のまねをするのが普通です。

公園であそぼう

いろんなことが学べる社会の入口

社会性

公園は遊具であそんだり、安心して走り回れるというだけでなく、同じ年頃の子どもたちと集団であそぶことを覚える、とても大切な場所です。そういう意味では、**公園は子どもの社会デビューの場。**楽しくあそべる場所だと思えるような工夫をする必要があります。とくに、人見知りしがちな子は、大勢の子がいるときに連れて行かず、時間帯をずらして、まず場所に慣らし、顔見知りをつくるようにしていくなど、配慮をしてあげましょう。

この時期は、まだ友だちと協力してあそぶということはできません。道具の取り合いなどになって、泣かしたり泣かされたりという場面も出てきます。ただ、子どもたちはこういう経験から人づき合いを学んでいきます。ケンカがはじまっても、すぐに仲裁に入るのではなく、少し様子を見る心の余裕を持ちましょう。

また、子どもはよく親を見ています。**公園に慣れるまでは一緒にあそんであげたり、他の親と会話を交わすなど、親自身も公園で楽しみを見つけるようにしましょう。**

友だちに会ったらあいさつをするということを、親がお手本を示して、子どもに教えましょう。

すべり台でスピードに慣れる

足でスピードコントロール

すべり台は自分で上って、ひとりですべれるようにしましょう。すべるときに、足を開くとスピードが落ちることを教えると、スピードのコントロールを覚えます。

すべるだけでなく、子どもがたくさんいるときは順番を守ることも教えていきましょう。

脳教室

お互いにまねをし合う重要性

社会性を身につけるあそびをします。まず、公園についたら、「○○ちゃん、こんにちは」「○○ちゃん、一緒にあそぼう」など と、あいさつをします。最初にするあそびは、歩く、手を振り上げるなど、自分のしたことをまねしてもらうこと。まねをしてもらうためには、相手の心が読めなければなりません。

ブランコで揺れに慣れる

足の曲げ伸ばしも覚える

握力がついて、体をしっかりと支えられるようになったら、背中を押して少しずつ大きな揺れに慣らしていきましょう。足の曲げ伸ばしのタイミングも同時に教えます。

砂場で友だちに慣れる

子どもが楽しめるように工夫する

砂場は、公園の中で最も狭いスペースに子どもたちが集まる場所。できるだけ自分の作業に没頭してあそべるように、シャベルやバケツ、プリンやゼリーなどの空き容器を持っていきましょう。

砂場であそびながら、少しずつ子ども同士で協力して物がつくれるような声かけをしてあげましょう。

2歳

脳教室 砂の性質をあそびながら学ぶ

砂場であそぶときには、砂は無定形状が特徴で、何でもつくることができるという、砂の性質を知らなければなりません。砂を見てどれくらいあるか、見当をつけることも練習します。子どもは砂の重量を測ることはできませんから、コップ何杯分あるかで量を教えていきましょう。砂の上に○や□をかいたり、砂をかためて好きな物をつくらせます。何日も考えてつくり上げる習慣をつけていきましょう。

5感を刺激する

質のよい刺激をたくさん与える

2歳から3歳にかけてのこの時期は『臨界期』といって、5感に対する刺激に、最も敏感に反応する時期です。**この時期に、質のよい刺激をたくさん与えれば与えるほど、感覚処理能力と感覚の性質（感性）がついていきます。**これらが身につくと、これは花だとわかるだけでなく、それが美しいということがわかるのです。

この感覚処理能力と感性をつけるためにも、大人と同じように一流の鑑賞をさせるようにしましょう。たとえば子どもの参加が可能な音楽会に連れて行って、本物のオーケストラの音を聞かせる、博物館や動物園に行って迫力のあるものを見せる、植物園に行って淡い匂いの花の香りを嗅がせる、旬のものを食べさせて食材のおいしさを味わわせるなど、できる範囲でかまわないので、いいものを与えるようにしましょう。

このとき、楽器を見ながらそこから出る音を聞いたり、匂いを嗅ぎながらものを食べるなど、2つの刺激を同時に与えると、さらに脳の働きが活発になります。

本物の大きさや迫力をじかに感じさせて、子どもの感覚をどんどん磨きましょう。

脳教室

知能を高める感覚刺激

臨界期があるのは脳の感覚系（後頭葉《こうとうよう》、側頭葉《そくとうよう》、頭頂葉《とうちょうよう》、前《ぜん》頭葉《とうよう》の前頭眼窩回《ぜんとうがんかかい》）です。運動の行動系（前頭葉）にはありません。運動や行動は年齢と関係なく、くり返せば上手に、器用に、速くできるようになります。頭をよくするには、感覚刺激を受け入れて、運動や行動することなのです。感性に対して理性という言葉がありますが、これは前頭葉の働きなのです。感性の記憶は知識となりますが、理性の記憶はワーキングメモリーが必要です。両方の記憶が知能をつくるのです。知能の高い子どものほうが、脳が発達しやすく、長生きし、病気を患わない傾向があります。

column 3

ワンオペ育児は天才脳に悪影響？

父親の育児参加がマスト

体を使ってあそべるようになり、言葉も話せるようになってきた２歳前後の教育は、『社会性を身につける』という次の段階に入ります。

この時期に大切なのが、父親の存在です。母親は生活全般のことを教え、父親は社会を見せることに専念する。このように教育の分業を行なうことで、子どもは多面的に社会を考えられるようになります。

しつけに関しても、イヤイヤ期を迎えるこの時期、体格的にも体力的にも勝るお父さんが本気で叱ることで、『怖い＝やってはいけない』ということを教えていくことが大切です。

残念ながら、最近はお父さんが忙しくて育児に関わらない結果、社会性のない子どもが増えています。せっかく早期教育によって賢い脳をつくっても、社会性が育たなければ宝の持ち腐れになってしまいます。

子どもが社会性を身につけるこの大切な時期をきっかけに、お父さん自身の家庭に対する責任感や、お母さんの日頃の言動などを考え直し、子どもにとって安心感のある家庭環境をつくるようにしましょう。

天才脳に欠かせない
特別メソッド

読み聞かせ

言語野を刺激し、記憶力を高める

0〜2歳

早い時期からはじめて言語野を刺激する

「話す」ことは、自然にできるようにはなりません。まだ会話ができなくても、お母さんが声かけしたり、身の回りにあるものの名前を教えたりすることで、言語野が刺激され、口の筋肉の発達とともに言葉を話すようになります。ですから、早い時期からできるだけたくさんの絵本を読んで聞かせましょう。絵本を読むときは、子どもに絵がちゃんと見えるように、となりに座って読むようにします。

　また、話ができるようになってきたら、今まで読んで聞かせた絵本を見せて、絵本の内容をたずねるようにしましょう。**内容を話させることにより、言語野を刺激し、記憶力を高めます。**

暗唱できるくらいくり返し読む

　絵本の読み聞かせは、単語力やヒアリングに大切なメソッドですから、必ず毎日行ないましょう。ただ、子どもが好む本ばかりを読んでいると知識が偏ってしまうので、子どもの傾向を見ながら、**あまり手に取らない本も積極的に読んで、いろんな事に興味を持たせるように心がけましょう。**

　2歳前後になったら、文章に合わせて絵を指さしながら、内容が理解できるようにゆっくりと読みます。途中で、「どうしてこんなことしたのかな？」など、絵本の内容や登場人物の気持ちをたずねたり、**ページをめくるときに、「どうなるかな？」と、展開を予想させるようにしましょう。**こうすることで、自分の考えを話すためには言葉を使うことが必要だということを学ぶとともに、常に話の展開を考えながら絵本を読むことを覚えます。また、読み終わった後に、どんなストーリーだったかを話させると、ワーキングメモリーが鍛えられます。

1歳になったら

脳教室

文字より絵でストーリーをつくる

絵本を見せて、読み聞かせましょう。何度も読み聞かせていると、赤ちゃんは覚えてしまいます。ここで大切なのは、まだ文字を教えてはいけないということ。はじめは絵を見せて、その状況を説明してもらいます。何枚か見せて、物語をつくらせ自分で話させるようにします。うまくできないときは、お母さんが物語を話します。

POINT

絵本はバランスよく

男の子は乗り物や建物などに、女の子は動物や人が出てくる内容に興味を持つ傾向があります。ただ、この時期はさまざまな要素を見せる必要があるので、いろんな種類の絵本をそろえ、赤ちゃんが自主的に読もうとしない絵本はお母さんが読んであげるようにしましょう。

2歳になったら

ページをめくるときに､「どうなるのかな？」と声かけをして、展開を予想させるようにしましょう。

POINT

ストーリーを覚える
くり返し読んで暗唱させる

字を読む前のこの時期は、ワーキングメモリーを鍛えるのにいいときです。気に入った絵本は、一言一句間違えずに暗唱できるようになるくらい、くり返し読んで聞かせましょう。

0〜2歳

脳教室

絵本で会話や話し方を学ぶ

文章を覚えてしまうまで、何度もくり返し読んであげましょう。読んでいるとき、途中で絵を指さして、「誰が何をしているのかな?」と声かけをして、説明させます。上手に説明できるようになったら、絵本を見ないで、絵本の内容のことを話させます。また、絵本の主人公を別の人に替えて、別の話につくり変えるのも、上手に話すためのいい訓練になります。

読ませてあげたい絵本

絵を見ただけでパッと文章が出てくるような、子どもが理解しやすい絵本を選んであげましょう。

『うずらちゃんのかくれんぼ』
(福音館書店)

色鮮やかな絵を楽しみながら、「見て、探す」をあそび感覚で体験できる絵本。

『ぐりとぐら』
(福音館書店)

料理することと食べること。どちらの楽しさも伝わってくる絵本。

『がたん ごとん がたん ごとん』
(福音館書店)

汽車にいろんな物を乗せながら、空想の世界を広げてくれる絵本。

『ちいさなうさこちゃん』
(福音館書店)

子どもの心にすっと馴染む、シンプルな絵と心地よい文章のロングセラー絵本。

お絵かき

基礎的な学習のはじまり

正しい姿勢を身につける学習の基礎づくり

このメソッドでのお絵かきは、自分がかきたいものを、きちんとかけるようにするための準備段階。**大きな意味での学習のはじまりですから、正しい姿勢でかくことが前提となります。**絵をかくためには利き手でクレヨンを持ち、もう片方の手で紙を押さえなければなりません。この姿勢が長時間保てるようになると集中力がつき、後々、学習の進展にも影響します。この時期から子どもの大きさに合わせた机とイスを用意し、正しい姿勢で行なえるようにしましょう。

クレヨンは必ず3本の指で、正しく持たせます。どうしてもうまく持てないときには、3本の指で持たせて上から軽く握ってあげましょう。**運動のパターンは、一度身につくと、なかなか変えることができません。だからこそ、はじめから正しい持ち方ができるように工夫することが大切になります。**

正しく持てたら、まず横線、縦線をまっすぐかく練習。曲がらないように、まっすぐ、最後まで同じ力で線をかくのは、難しい作業です。「ガッタンゴットン」とクレヨンの動きを電車に見立てた声かけをするなど、子どもが楽しんで練習できるような工夫をしましょう。

直線がかけるようになったら、丸や三角などの図形に挑戦です。ただ図形をかくだけでなく、それらを組み合わせて家や人、車など、好きなものがかけるようにしていきます。直線の練習をするときには、赤・青・黄の「色の3原色」を使いますが、好きなものをかくときには12色用意して、色使いも工夫しながらかかせるようにしましょう。

脳教室

筋肉を使った運動パターンの学習

まず長い直線をかけるようにします。正しい姿勢で、クレヨンを正しく持ち、もう一方の手で紙を押さえるので、前腕、上腕、肩などの筋肉を使います。長い線、短い線がかけたら、直線をつないで三角形、四角形、五角形をかきます。また、直線がかけるようになったら丸をかきます。どの形も大小、きれいにかけるようにしていきます。くり返し練習しないと、上手な線や曲線はかけません。これは、体の筋肉を使う運動パターンの学習です。うまくなったら早くかけるようにします。

並んで
お手本を
見せる

持ち方を教えるときには、手の向きが同じになるように、必ずとなりに座って指の使い方を見せるようにします。

クレヨンの
持ち方

親指と中指でしっかり支え、その上に人さし指を置き、均等に力を入れます。クレヨンはゆるく持つ指先３点持ち、鉛筆は中指を曲げて支える持ち方です。

右手と
左手を使う
左手で
紙を押さえる

クレヨンの持ち方と同時に、もう片方の手は必ず紙をしっかりと押さえる役目があることを教えましょう。

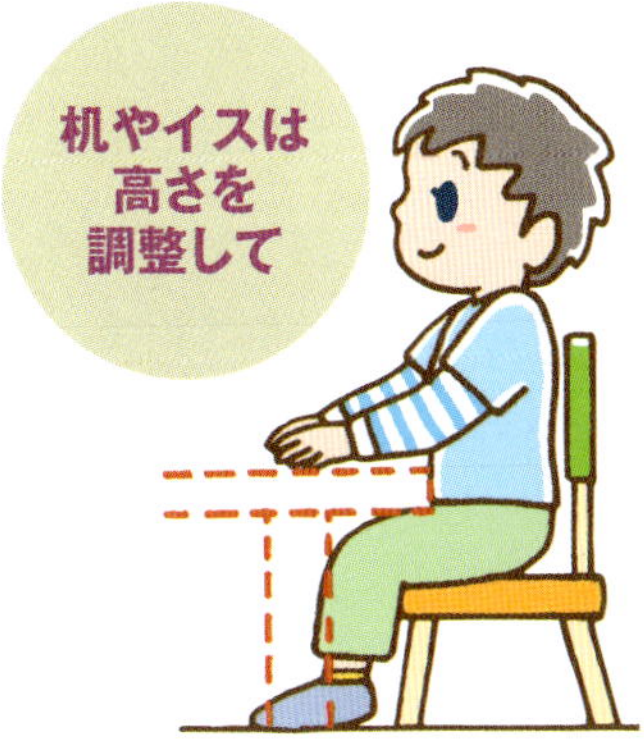
机やイスは
高さを
調整して

座ったときに足の裏がしっかりと床につくようなイスと、それに合った高さの机を用意しましょう。

1歳になったら

グチャグチャかきは意味がありません。
赤ちゃんがかきたいものを、きちんとかけるように、
まず横線・縦線の練習をしましょう。
直線が上手にかけるようになったら、
いろんな大きさの図形がかけるように練習していきます。

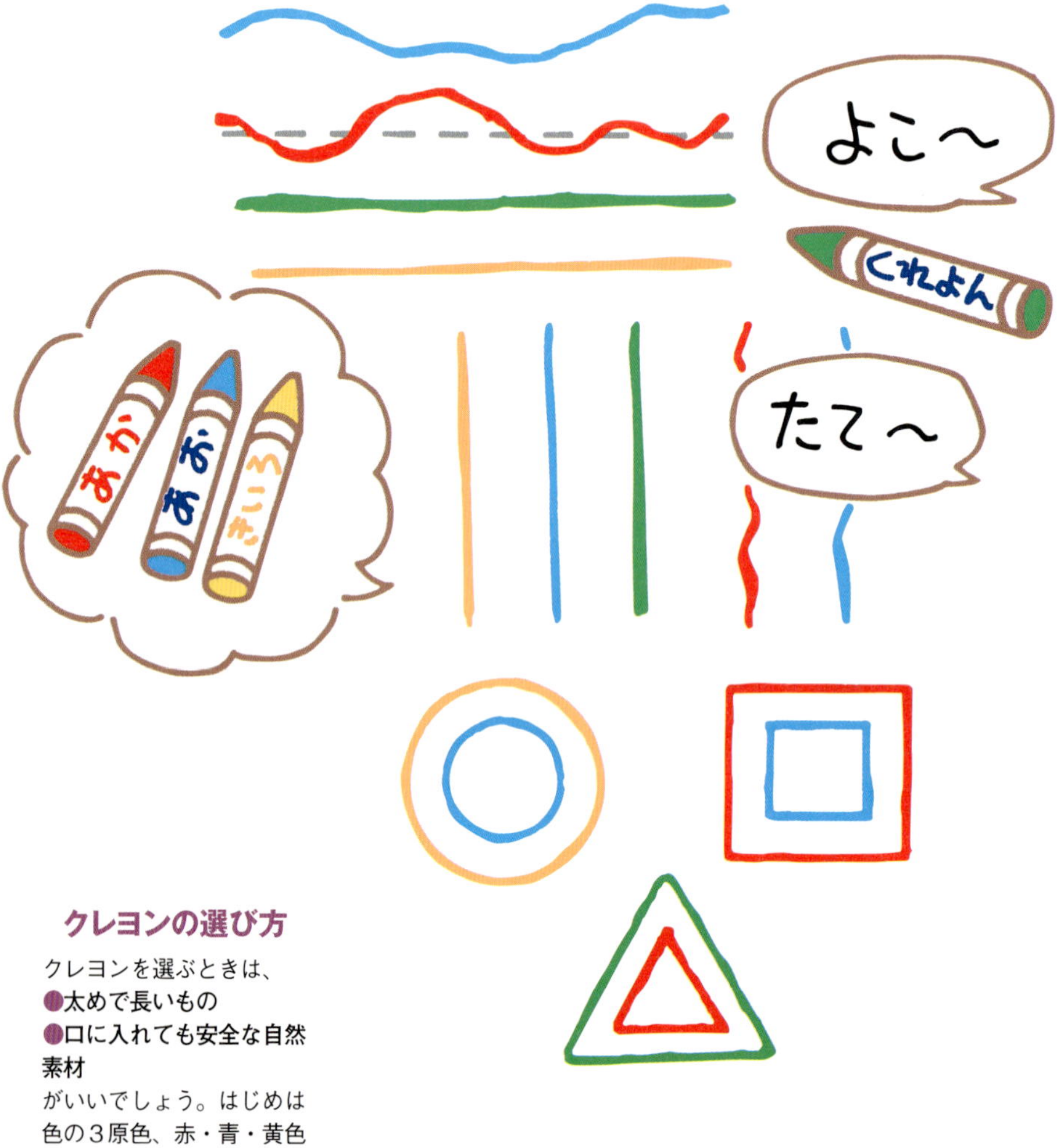

クレヨンの選び方

クレヨンを選ぶときは、
- 太めで長いもの
- 口に入れても安全な自然素材

がいいでしょう。はじめは色の３原色、赤・青・黄色の３色を使い、慣れてきたら徐々に色数を増やします。

慣れてきたら

色数を増やす

細い色
えんぴつに

顔をかかせる

いろんな
紙素材を使って

2歳になったら

直線がかけるようになったら、
図形（○△□）をかかせてみましょう。
お手本を見せながらかかせます。
また、バラバラにかくだけでなく、
大小を組み合わせて二重にしたり、
それぞれの図形の辺と辺をくっつけてかいてみせて、
「おうちだよ」「お顔みたいだね」と声かけをします。

図形をかきはじめたら、色数を少しずつ増やしていきましょう。いろんな色で図形をかくことでイメージがふくらみ、かきたいものが増えていきます。新しい色を使うときに、色の名前も同時に教えるようにしましょう。

色彩感覚を身につける

人の顔をかく

お絵かきポイント

自然をかく

物の形をかく

積み木

想像力を引き出し、楽しさを実感

物をつくる楽しさを教える

積み木を重ねるのは、大人が思っている以上に難しいことです。まずは、横に並べてあそばせましょう。このとき、「青を2つ並べよう」「となりは三角の赤ね」と声かけをすると、色や形、数などの学習にもなります。はじめは積み上げることができないかもそれませんが並べるだけでもいいのです。

積み木に慣れてきたら、2個、3個と重ねるトレーニングです。いろんな組み合わせ方を試しながら、下にはどんな形の積み木を置くと安定するかなど、声をかけながらあそばせましょう。いくつ積み重ねられるかを試したり、積み木で家やビル、橋などをつくって見立てあそびをさせると、自然に積み木の扱い方が上手になっていきます。**「どっちが早く高く並べられるか競争しよう」などと言いながら、手早く作業をさせることも指先のいいトレーニングになる**ので、上達の様子を見ながらあそび方を工夫していきましょう。

この時期は、まだ知識が少なく、指先も発達途中のため、失敗しやすいのですが、お父さんやお母さんは子どもの成功しやすい物を考えてあげましょう。そうすることで子どもは「自分もやってみよう」という気持ちになります。一緒にあそんで、どんどん想像力を刺激してあげましょう。

脳教室

立体と平面であそばせる

最初は同じ形のものを3～4個ぐらい積み上げていきます。次は大きいものの上に中ぐらい、小さいものという順で積ませます。はじめはお母さんが指示をして積ませましょう。次は1個の積み木を車に見立てて、平面に並べたり、車道をつくってあそばせます。慣れてきたら交差点をつくったり、信号を取り入れたりしてあそびましょう。

POINT

積み木あそびは

木製のカラフルなものがいいでしょう。荷台に積み木が収納できて、引っ張って歩けるものだと、自分で持ってきてあそび、かたづけもひとりでできるのでおすすめです。

1歳になったら

積み重ねるだけでなく、
積み木を平面に並べてお絵かき感覚であそばせましょう。
平面に置くことによって、
高さや形の違いなどが、より認識しやすくなります。
お母さんから「これは何?」と声かけをして、
意識して会話をするようにしましょう。

0~2歳

2歳になったら

凸凹をうまくはめて、
つないだり外したりするブロックあそびは、
指先で細かい作業をするためのいいトレーニングになります。
大きいピースのもので充分あそばせましょう。

積み木に興味を持ったら、より指先を細かく使うブロックあそびで脳を刺激しましょう。

脳教室

立体あそびの初歩

積み木あそびは、並べるだけでなく、積み上げることも覚えます。2階建ての家をたくさん並べてあそんだり、積み上げた積み木を崩すこともします。3個以上積み上げられるようになったら、大きさの違った積み木でもあそびましょう。いろんな物がつくれるようになります。積み木は3次元のものを創造するための最初のあそびです。

楽器あそび

もっとも人間らしい10野を鍛える

音を出させてリズムを覚える

家にある楽器で、楽器あそびをしましょう。簡単なのは叩いて音が出る、ピアノや木琴などの打楽器。何もなければ太鼓の代わりに、紙の筒で机を叩いてもかまいません。まず、赤ちゃんに音を出させて、それを聞かせます。次に、**一定のリズムで叩かせるようにして、それに合わせて体を動かしたり、声を出すように促しましょう。**自分で出した音をもとにして、他の行動をすることは、創造性を高めることにつながります。また、一定のリズムで運動するときには、補足運動野を、同時に2つ以上の作業をすることは前頭前野の10野を使うことになるので、同じ歌を、リズムを変えて歌うなど、工夫してあそばせましょう。

鍵盤のおもちゃを使うと、聴覚とワーキングメモリーが鍛えられます。ピアノやオルガンのように、押すと音が出る楽器を用意します。正しい音が出れば、おもちゃでもかまいません。お母さんが「これは、ド」と言いながら、ドの音を鳴らします。ドの音とその名前、さらに鍵盤の場所が理解できるように、必ず声かけをしながら行ないましょう。**できればドの音に合わせて「ドー」と一緒に歌います。**こうやってドの音を耳で聞き、声に出すことで1音ずつ音を覚えていきます。

次にドレミ……と、1本の指で鍵盤を押して音を出していきます。どの場所がドの音なのかを確認するために、「ド」「レ」と声を出しながら押させるようにしましょう。声を出しながら音を出すことで、音とその場所を関連づけて覚えるようになります。この練習をくり返し行なうことで、ワーキングメモリーが鍛えられ、鍵盤の音と場所が一致した状態で記憶できます。

1歳になったら

ピアノや木琴など、
音が出るものであればなんでもかまいません。
ポイントは一定のリズムで叩かせることです。
その音に合わせて体を動かしたり、
声を出すように促しましょう。

脳教室

脳を働かせる楽器あそび

一定のリズムで歩いたり音を出すことができるようになったら、音を出しながら歩く、歌を歌いながら歩くという、2つの動作を同時にするようにしましょう。一定のリズムで運動するときには、補足運動野が働きます。また、次々と違った行動をするときには10野や感覚野が働くので、同じ歌をリズムを変えて歌うなど、工夫してあそばせましょう。

2歳になったら

楽器で聴覚とワーキングメモリーを鍛えます。
正しい音が出ればおもちゃでもかまいません。
「これはド」と言いながら、ドの音を鳴らし、
ドの音とその名前、
鍵盤の場所を理解できるまで覚えさせます。

でたらめに音を出させず、1本の指で鍵盤を押して音を聞かせるようにしましょう。

脳教室

言語と音感を一致させる

まず人さし指で鍵盤を順に叩きます。ド、レ、ミ……。次に叩くときに声を出します。ドを叩いて「ド」、レを叩いて「レ」、ミを叩いて「ミ」。次に音の名前を言ってから鍵盤を叩かせます。「ド」と言ってドを、「レ」と言ってレ、というようにお母さんが言った音を叩かせます。これができたら、次はお母さんと子どもの役割を交代して、同じことをくり返します。

久保田メソッド Q&A

Q1 地方在住です。声かけは標準語の方がいいのでしょうか。

A 赤ちゃん言葉を使わなければ、方言でもOKです。

声かけで大切なことは、1度覚えた言葉を、覚え直さなくていいようにする、ということです。赤ちゃんが言葉を覚えはじめるときに、「ごはん」を「まんま」、「足」を「あんよ」と覚えると、もう一度正しい言葉を覚え直さなければいけません。これは脳にとって非常に無駄なこと。ですから方言を標準語にするより、赤ちゃん言葉を使わないように心がけてください。

Q2 できるようになったメソッドも、くり返し行なったほうがいいですか?

A バリエーションをつけて、少しずつ難しくしていきましょう。

できるようになったからといって訓練をやめてしまうと、せっかくつながった神経回路が消滅してしまうことがあります。ただ、同じことをくり返していると赤ちゃんも飽きてしまいますから、赤ちゃんの成長に合わせて、少しずつ難しくしていくといいでしょう。

Q3 顔見知りが激しいのですが…。

A もっと社会性を身につけさせましょう。

前頭前野をよく使うように育てられた赤ちゃんは、人見知りをしない傾向にあります。人見知りは、生後6～12か月に起こる行動で、社会性の少ない赤ちゃんに見られます。ただ、これは社会性が身についていないだけで、赤ちゃんにしてみれば関係性を持たない人に対して、拒否反応を示しているに過ぎません。知らない人に会う、抱っこされるなど、どんどん社会性を身につけ、前頭前野を鍛えましょう。

Q4 食べ物に興味を示しません。

A お母さんが美味しそうに食べるところを見せましょう。

食べ物に興味を持たせるには、お母さんが、その食べ物を美味しそうに食べているところを見せることが大切です。食べ物だけではなく、おもちゃあそびでもそうです。お母さんが楽しそうにするところを見て、赤ちゃんは興味を持ちます。はじめは興味を示さなくても、根気強く、赤ちゃんがほしがるようになるまで続けましょう。

Q5 イヤイヤ期でまったく言うことを聞いてくれません。

A 赤ちゃんに立ち向かう強い心を持ってください。

イヤイヤ期は前頭前野が発達していないために起こります。しかし、何らかの原因でイヤがっている場合もあるので、どんなときにイヤがるのか、注意深く見る必要があります。何かするときに痛みや不快、恐怖を感じている様子が見られた場合は、無理にさせることは決してしないでください。

1歳頃の赤ちゃんは体力も知恵もついてきますから、単なるわがままや気分で起こるイヤイヤ期に関しては、お母さんの相当な心構えが必要です。自分は親なんだという自負と責任を持って、赤ちゃんに立ち向かってください。

Q6 いろいろ工夫しているのですがメソッドがうまくできません

A ほめることが一番のコツです。

目に見える上達がなくても、メソッドをさせることで神経回路がつくられていきます。今は結果より、いろんな種類のメソッドで体を使い、脳のいろんな領域を刺激することが大切です。『上達するとお母さんがほめてくれる』という図式ができると、メソッドに対する取り組み方が変わってくるので、少しでも上達が見られたら、たくさんほめてあげましょう。

久《く》保《ぼ》田《た》競《きそう》

脳科学者(神経科学者)。京都大学名誉教授。
1932年、大阪生まれ。
大阪大学医学部進学コースを退学後、東京大学医学部入学。
1957年、同大学卒業後、同大学院にて神経生理学を学ぶ。
大学院3年目に米国・オレゴン州立医科大学に留学。
J・M・ブルックハルト教授のもと、最先端の研究に従事。
1967年、京都大学霊長類研究所神経生理研究部門助教授、
1973年同教授に就任、同所長も歴任する。
1996年、定年により退官、同大学名誉教授に就任。
現在、国際医学技術専門学校副校長、
特定医療法人大道会「森之宮病院」学術顧問を務める。
主な著書に『暗算するだけで 考える力と算数力がつく 5才までの育脳法』、
『頭のいい子が育つ あそび図鑑』(ともに主婦の友社)、
『小学校前にみるみる算数力がつく15の習慣』(ダイヤモンド社)などがある。

脳科学・久保田メソッド

天才脳をつくる 0.1.2歳教育

2019年 5月 5日　第 1 刷発行

著者●久《く》保《ぼ》田《た》 競《きそう》

発行者●佐藤靖

発行所●大和《だいわ》書房
東京都文京区関口1-33-4
電話　03-3203-4511

ブックデザイン●近江デザイン事務所(鈴木美弥／山之内舞)

イラスト●須藤裕子

文●岡田マキ

図版●朝日メディアインターナショナル
印刷●光邦
製本●ナショナル製本

ISBN978-4-479-92129-5

乱丁本、落丁本はお取替えいたします。
HP:http://www.daiwashobo.co.jp/

この本は2009年に刊行された『天才脳をつくる0歳教育』、
2010年に刊行された『天才脳を育てる1歳教育』、
『天才脳を伸ばす2歳教育』を再編集しまとめたものです。